【文庫クセジュ】

議員の両性同数

パリテの現在地

レジャーヌ・セナック著
斎藤かぐみ訳

白水社

目次

はじめに

「パリテ[1]」は新しい言葉ではない。「同等の、同様な」を意味するラテン語「パリタス」に由来し（フランス語では一三四五年に初出）、二者の相似を意味する術語として、数学や物理、経済学、社会学、社会法といった分野で使われている。たとえば経済学では、二つの通貨の等価性〔平価〕を示す。社会法であれば、委員会や総会などの機関において、利害を異にするカテゴリーの人々、とりわけ労使双方が同数の代表者を出すとき、その機関は「パリテ〔同数〕制」をとるという。

この「パリテ」が二十世紀終盤に、公選議員職・選挙選出職〔以下、原則的に「選挙公職」〕への女男平等な参入を促進する通称「パリテ法[2]」として、フランスの掲げる目新しい理念のごとく浮上した。本書はその背景を探るものである。

フランスの「パリテ法」は、政治権力への女性参入における後進性への対策として制定された。示唆的な数字を二つほど挙げよう。一九九三年の選挙後、下院〔国民議会〕の女性比率は五・九パーセント。女性が〔四四年に〕選挙権と被選挙権を得て初めての選挙で成立した四六年の第一次制憲議会の、五・六パーセントと大差ない。EC域内でも国際的にもパリテ民主制が議論の的となっていた九〇年代に、一院制国会または下院の女性比率ランキングでギリシアと並ぶ域内最下位だったのだ。

巷間言われる「フランスの例外性[3]」は、政治機関への女性進出に関しては長らく、フランスの後進性を指し示すものであった。一九九九年と二〇〇八年の憲法改正、〇〇年以降の「パリテ

(1) 英語で言えば「パリティ」。フランスでは五〇パーセント・クオータ（割当）、広く両性平等のための措置、それらを包括する理念を示す術語としても定着した〔訳注〕。

(2) 一連の法律とその評価については、女男平等高等評議会ウェブサイト（https://haut-conseil-egalite.gouv.fr）に掲載されたパリテ案内を参照。

(3) Éliane Viennot (dir.), *La démocratie « à la française » ou les femmes indésirables*, Paris, Publications de l'Université de Paris VII - Denis-Diderot, 1996 ; Janine Mossuz-Lavau, Parité : la nouvelle «exception française», dans Margaret Maruani (dir.), *Femmes, genre et sociétés*, Paris, La Découverte, 2005, p. 307-314.

法」の制定は、はたしてフランスの例外性に模範性の意味を与えることになったのか。

比例代表制の選挙では、政党が候補者名簿への女男同数登載を義務づけられた。地域圏議会[4]、人口一〇〇〇人以上の市町村の議会、上院（元老院）の比例制選挙区[5]、および欧州議会の選挙[6]が現在対象である。県議会に関しては、二〇一三年の法律により、候補者の両性ペア方式が義務づけられた。下院の場合には、候補者性別比の差分に応じて、政党・政治団体に交付金の減額ペナルティが課される。女性比率拡大のための諸外国の制度が最大三三パーセントのクオータ（割当）制にとどまっていたなかで、〇〇年時点で議員の九〇パーセントを男性が占めていたフランスが、強制的な候補者パリテを最初に法制化するという逆転が起きたのである。

法学的には「所定の選挙公職への参入に関して保障された量的平等[7]」と定義される「パリテ」が理解しにくい理由は大きく二つある。

第一に、女男平等に関する一九九九年と二〇〇八年の憲法改正（前者は第三条および第四条、後者は第一条を改正）でも、選挙公職あるいは職務上・労使関係上の要職（以下、原則的に「官民要職」）への女男平等な参入に関する法律でも、パリテ改革を内容とするにもかかわらず、条文中に「パリテ」の語はない。立法趣旨説明の部分で用いられているだけだ。

第二に、積極的差別《ポジティブ》の是非論争で焦点となった「パリテ」は、その後は両性平等規定の意味で問題なく、ほとんどスローガンのように使われている。女男の地位を比較するアプローチという意味で広く用いられ、(8)両性平等政策の意味にまで拡張されている。

パリテ主張と法制化は、意思決定権の均等な分有が欧州域内でも国際的にも求められる文脈で、フランスが対策として示したものであった。平等が転じてパリテ、という意味のスライドに陥らないために、この点をしっかり押さえておきたい。「パリテ法」は、権利平等原則の適用を除外して、機会平等を推進するものである。それは一方では、積極的差別に訴えようという国際

(4)フランスの地方行政は、地域圏、県、市町村の三層構造をとる〔訳注〕。

(5)定数の多い選挙区では比例代表制をとるが、基準定数は何度か変更された。九九ページ「比例代表制とペア方式」参照〔訳注〕。

(6)比例代表制の原則は全加盟国に共通だが、選挙方式の細目は議員を送り出す各国が定める〔訳注〕。

(7)Francine Demichel, À parts égales : contribution au débat sur la parité, *Recueil Dalloz Sirey*, Paris, 1996, p. 95

(8)国立統計経済研究所（INSEE）が二〇〇一年から公表しているフランス社会の性別格差見取図（表題は一二年までは *Femmes et hommes. Regards sur la parité*、一二年現在«Femmes et Hommes l'égalité en question»）にも、その傾向は見てとれる。

的な議論を受けている。その一方で、フランスの政治的伝統たる「共和的普遍主義」を換骨奪胎した側面もある。要するに、以前は両立不能と考えられていた規範枠組みが併存しているのだ。グウェナエル・カルヴェスが分析したように、こうした性質をもつ「パリテ法」は「政治における男性と女性という不平等な二集団間のキャッチアップ政策のモデルに祭り上げられる」余地をはらんでいる。「まったく違うとも言いきれないが、そのような捉え方では、積極的差別の合憲性の評価基準を……『国の主権』の法理に置く〔パリテ〕政策の異色性が見えにくくなってしまう[9]」。

「パリテ」の定義が人により文脈により異なるのは、そこに共和派とは何か、フェミニストとは何かをめぐる論争が圧縮されているからだ。フランスはこれを用語としたことで、意思決定権の均等な分有というEUの厳命に沿いつつも、ずばり「フェミニズム」とか、あるいは「クオータ」のような、禁句あるいは下品な語を回避してのけた。「パリテ」ははたして、男女の役割の社会的構築を問い、立法の域を超えて不平等の自然視を糾弾しているのだろうか。そうだとすれば、いかにしてか。哲学者ジュヌヴィエーヴ・フレスは言う。「男性権力を批判するなら、そこに開いた突破口に、ありとある不平等がなだれ落ちていくのが当然だろう。（……）パリテは目標にしてツールであり、目的にして手段である」[10]。「パリテ法」の施行開始から二〇年あまりが経つ。目標とツール、目的と手段のあいだに、現状どのような連動が見られるだろうか。

メディアを賑わせる「パリテ」の意義を捉えるために、それが国際的にも欧州域内でも主張されるようになった経緯の分析から始めよう。一方では、女性の政治的過小代表を補うべく世界各地でとられた戦略の延長線上に、また他方では、自国の例外性と模範性をうたう神話を支えとするフランスの独特な事情のうちに、「パリテ法」を位置づけていきたい[11]。

(9) Gwénaële Calvès, *La discrimination positive*, Paris, PUF, « Que sais-je ? », n° 3712, 2004, p. 84.

(10) Geneviève Fraisse, *La controverse des sexes*, Paris, PUF, 2001, p. 319.

(11) Laure Bereni et Éléonore Lépinard, « "Les femmes ne sont pas une catégorie". Les stratégies de légitimation de la parité en France », *Revue française de science politique*, 54 (1), 2004, p. 71-98 ; Lea Sgier, « Les quotas de femme en politique : quels enjeux ? Une comparaison Suisse/France », dans Manon Tremblay *et al.* (dir.), *Genre, citoyenneté et représentation*, Lévis (Québec), Presses de l'Université Laval, 2007, p. 171-188.

第一部　パリテ主張の地政学

時とともに女性の政治進出もおのずと進む、との認識が広まっている。しかし事実はその限りではない。二〇二二年十一月現在、一九三の国連加盟国のうち、女性が国家元首または政府首班を務める国は三二か国しかない。[1] 政界その他の要職における女性の地位は、以前よりも考慮されるようにはなった。しかし抵抗はやまず、不平等は再生産されている。本章では「パリテ民主制」という表現の歴史をたどり、各地で起こった主張がグローバル化する動きと、それが再び地域へ還流し、各国の実情に適応する動きがつながっていたことを示す。

（1）随時更新されているウィキペディアの女性元首・首相リスト http://fr.wikipedia.org/wiki/Liste_de_dirigeantes_politiques〔日本語版：https://ja.wikipedia.org/wiki/ 選出もしくは任命された女性の元首の一覧〕を参照。

第一章　パリテ民主制の淵源

「パリテ」なる用語は、フランス国内で閉じられた思考の産物ではまったくない。国際的にも欧州域内でも両性平等問題が制度問題として認識され、平等達成に向けた政策の検討が重ねられるなかで確立したものだ。最初に登場したのは一九八九年十一月の欧州評議会セミナーの際であり、フランスのメディアでは九三年十一月十日付『ル・モンド』紙掲載の「パリテ民主制を求める五七七人のマニフェスト[1]」である。

（1）多数の知識人（男性二八八人、女性二八九人）が連署し、「地方でも国政でも議会は男性と同数の女性からなる」と規定する組織法〔政体に関わる法律であり、通常法の上に位置づけられる〕の制定を求めた〔五七七人は下院の定数〕。

I　権力の不平等と性別

一八九三年、ニュージーランドが女性に初めて選挙権を付与した「民主国家」となる。一九〇六年、女性に初めて選挙権と被選挙権を付与したのは〔露領〕フィンランドであった。七六年、ポルトガルの女性がようやく参政権を得た。[2] こんにちの欧州連合二七か国で女性が市民として承認されるまでには、七〇年の歳月が必要とされた。

欧米諸国のなかで第二次世界大戦後まで、男性であることが政治的権利の条件とされていたのはフランスだけではない。イタリア女性が参政権を得たのは一九四五年、ベルギー女性が四八年、ギリシア女性が五二年、ポルトガル女性が七六年である。地中海諸国――スペインの三一年を例外として――および／または一八〇四年のナポレオン民法典の影響を受けた諸国では、古典古代の共和制と同じく武器を手に城市を防衛できる者にしか、政治参画は長らく認められなかったのだ。

対照的に、コモン・ローあるいはゲルマン法の諸国の女性は、数十年前の一九四五年の時点で個人＝市民の身分を得ており、男性普通選挙と女性参政権のあいだにさほど間隔が空いていない。フィンランドが〇六年、ノルウェーが一三年、デンマークが一五年、ドイツが一八年、オランダが一九年、米国とカナダが二〇年、スウェーデンが二一年、アイルランドと英国が二八年である。女性参政権が遅かった国は、政治的要職への女性参入が遅々として進まなかった国でもある。[3]

二分法ながらラテン系とアングロサクソン・北欧系を対比させると、性別による市民権（財産権、契約締結権）と公民権（選挙権、被選挙権）の付与に関し、法制と法系の違いが大きく働いたことがよく分かる。政治権力への女性参画を分析する際には、そうした類型[4]を踏まえ、経済あるいは社会の諸領域、公的あるいは私的な領域における女性の地位を別問題と見なさないよう注意したい。

---

(2) 女性が選挙権と被選挙権を制限なしで得た年号を示している。

(3) 国会の女性比率の継時的変化に関しては列国議会同盟のウェブサイト（https://data.ipu.org）を参照。

(4) Cf. Mariette Sineau, Droit et démocratie, dans Françoise Thébault (dir.), *Histoire des femmes en Occident*, t. V : XXe *siècle*, Paris, Plon, 2002, p. 631-665.

Ⅱ　国連が果たした役割

一九四五年六月二十六日サンフランシスコに集まった五〇か国の代表が、「基本的人権と、人間の尊厳および価値と、男女および大小各国の平等とに関する信念[5]」を国際連合設立憲章の前文で宣言した。ここでは両性の法／権利上の平等が、戦後の欧米式民主制モデルと結びついた普遍主義の一環として位置づけられている。

1　法／権利上の平等から差別の撤廃へ

一九四六年に女性の地位委員会を創設した国連では、諸機関が国際的な女男平等政策を推進し、基本原則に据えるようになる。平等達成に向けた手段を徐々に整備し、手続きを確立し、加盟国が使えるようなコンセプトを展開した。五二年には、女性の政治的権利に関する条約が採択される。政治的権利（参政権、公務に就く権利、公務を執行する権利）の法的平等を女性に保障した最初の国際法規である。国連が公共圏（労働、政治的代表、市民運動）への女性の自由な参入を推進するにつれ、私的領域の問題も政治焦点化した。五七年から六二年にかけ、既婚女性の平等に関する複数の条約が調印され、婚姻とその解消における女権平等が保障されたのが一例である。六七年には、女性差別撤廃宣言が採択される。

一九七五年に、新たな段階が始まった。国際女性年が宣言され、平和と発展をテーマとする第一回世界女性会議がメキシコシティで開催されたのである。諸国政府の採択した行動計画には、意思決定プロセスへの女性の関与拡大の必要性が盛りこまれた。以後も九五年の北京会議その他の大規模な世界会議が重ねられた。

一九七六〜八五年は「国連女性の一〇年」に定められ、あらゆる形態の女性差別の撤廃に関する条約（ＣＥＤＡＷ）が七九年十二月十八日に総会で採択された。この条約は、「形式的平等と機会平等とのあいだ、機会平等の宣言と平等の実践とのあいだの質的飛躍を〔九三年のウィーン世界人権会議までに〕遂げることとなった平等政策の実施に関する基本法規の一つである」[6]。二〇か国の批准により八一年九月三日に発効、フランスは八〇年調印、八三年批准である。締約国

（5）正文にフランス語のある法規の訳はフランス語版に依拠した〔訳注〕。

（6）Françoise Gaspard, Les enjeux internationaux de la parité, *Politique étrangère*, n° 1, printemps 2000, p. 209-210.

は二〇二一年現在一八九か国にのぼるが、効力を大きく削ぐような留保を付した国も多々ある。調印はヴァチカン、イラン、ソマリア、スーダン、トンガを除く全国連加盟国が済ませている。八〇年に調印した米国は、二二年現在も批准していない。

締約国は、女性の政治参画を向上させる措置を奨励されている。しかし法的強制の仕組みはなく、第三条および第七条で勧奨された「自国の政治的および公的活動における女性差別を撤廃するため」の「すべての適当な措置〔立法を含む〕」の具体的実施には直結していない。「締約国が男女の事実上の平等を設けることを目的とする特定の時限措置をとることは〔この条約に定義する〕差別と解してはならない」と明示された第四条一項は、フランスのパリテ論争の際に法的論拠として重要な役割を演じた。

女性差別撤廃条約は、原則の宣言にとどまりはしなかった。国際機関や欧州機関の数々の決議や勧告、専門家報告の根拠とされ、NGOでも〔国連委員会への〕シャドウ・レポートの提出や討議の根拠に用いられたのである。

2　北京会議でパリテに脚光

意思決定権の問題は、一九八五年の第三回ナイロビ世界女性会議では示唆されるにすぎなかったが、九五年の第四回北京会議では、パリテが中心テーマの一つに浮上している。北京行動綱領の最終交渉を準備したNGOフォーラムが取り上げた一二項目の二番目に、パリテ規定が掲げられた。NGOがクオータの原理に対抗してパリテを打ち出したのは、ヴァチカンやイラン、スーダンやイエメン、ラテンアメリカの数か国からなる「神聖同盟」が衡平《エクイティ》を掲げ、NGOが平等を掲げたのと同じ図式である。両者の対立は九四年のカイロ国際人口開発会議のときから続いており、女性NGOが宗教原理主義に対抗して組織化を進める契機となっていた。北京でNGOがクオータではなくパリテを支持した主要な論法は四つある。

一、教育を受ける権利、働く権利、投票する権利、避妊する権利、中絶する権利を得るために、三世紀にわたって女性が繰り広げてきた闘争を踏まえ、平等の理念を固守する。

二、クオータは屈辱的である。人類の半数を占める女性は、一つのカテゴリーをなすわけではないのだから、五〇パーセントに満たない比率に結びつけられてはならない。

三、クオータでは、設定された比率が実際には天井に、すなわち達成されれば打ち止めという閾値になりかねない。

四、女性が選ばれる権利の根拠が、完全な市民性ではなく、差異に求められることを懸念する。

そこで語られるパリテは、社会における女男の役割と象徴的イメージに疑義をはさむ近代的コンセプトとされている。「社会への女性の倫理的寄与にかんがみ」、「今後二〇〇〇年までに、あらゆる意思決定レベルで三〇パーセント、公選機関では五〇パーセントすなわちパリテにいたることが目標だ」。これが北京でNGOの示した結論である。目標を達成するためには、各国固有の歴史的・政治的事情に応じて、立法や女性候補者名簿など、あらゆる手段に訴えてよいという。北京会議で強調された新たな戦略は、ジェンダー主流化《メインストリーミング》とエンパワーメントに集約される。(7) 前者は分野横断的にジェンダーを考慮に入れることであり、後者は決定権を行使する能力を女性に与えることである。

一八九か国が調印した北京会議最終宣言では、女性のエンパワーメントの強化が正式に重点課題と位置づけられ、政治的要職の均等な分有が民主制の条件であるだけでなく、女性の利益代表の条件でもあると規定された。(8) 諸国政府は、二つの戦略目標の履行を通じて、女男不平等な権力分有の是正措置をあらゆるレベルで講ずることを約束した。一つは「ポジティブ・ディスクリミネーション」(9) と呼びうる措置である。権力機構と意思決定への平等な参入と完全な参画を女性に保障するためには、「必要とあらば積極的差別」（最終宣言§一九〇a）の措置もとる。もう一つは

「アファーマティブ・アクション」と呼びうる措置である。意思決定に加わる素養を女性につけるために、研修やチューターなどの支援措置を講じていく。フランスでは、この種の措置について「積極的差別」という論争含みの表現か、より穏当な「ポジティブ・アクション」という表現を用いることが多い。G・カルヴェスが比較法学の観点から与えた規定によれば、「積極的差別」は不平等な集団間のキャッチアップ政策の重要手段をなすもので、具体的には優遇措置や(理論上は)時限的な制度のことである。[10] そこでは実際上の、いわゆる現実の平等を達成するために、権利平等と機会平等の適用は除外される。

(7) Sandrine Dauphin, Réjane Sénac-Slawinski (coord.), « *Gender mainstreaming* : de l'égalité des sexes à la diversité ? », *Cahiers du genre*, n° 44, 2008.
(8) 北京行動綱領G項を参照：http://www.un.org/womenwatch
(9) 直後の「アファーマティブ・アクション」とともに、原文では英語で記されている〔訳注〕。
(10) Cf. Gwénaële Calvès, *La discrimination positive*, Paris, PUF, « Que sais-je ? », 2004.

Ⅲ　欧州が果たした役割

積極的差別が徐々に是認され、意思決定における平等が重点化されたのは、国連、欧州評議会、EC／EU（一九九二年二月のマーストリヒト条約まで欧州共同体、以後は欧州連合）の協働のなせるわざであった。

1　欧州評議会——パリテ民主制の父

欧州評議会は一九四九年五月五日、ロンドン条約を結んだ一〇か国によって設立された。「大欧州」における民主制と法治の促進を目的とする国際機関である（二〇二一年現在の加盟国は、EU二七か国に対して評議会四六か国）。

平等原則は基本的行動原則の一つとして二つの主要法規、欧州人権・基本的自由保護条約（一九五〇年）と欧州社会憲章（六一年）に盛りこまれた。両性平等は七九年に、保護と推進の対象となる諸価値のうちに数えられた。形式的権利や個人保護が単に保障されるだけでなく、平等の具体的実現、とりわけ両性平等の具体的実現が、国連とも足並みのそろった妥当な目標として掲げられたのである。法律上は平等なのに事実上は不平等であること、私的領域における不平等（文化的ステレオタイプ、教育上・家庭内の性別バイアス）と公共圏（職業、政治）における不平等がつながっていること、などが評議会の報告や決議で取り上げられた。「政治活動への女性参画の推進」が第二次中期計画（八一〜八六年）目標一の四に掲げられたように、評議会は社会的・政治的権利の平等実現に格別の関心を向けた。

一九七九年は、ＣＡＨＦＭ（女性の地位に関する特設委員会、八二年以降は女男平等委員会）が設置された年でもある。「国連女性の一〇年」の折り返し点となる八〇年にコペンハーゲン世界女性会議が開催された際には、ＣＡＨＦＭが準備の調整を行なった。八二年十一月には、女性の政治参画の阻害要因と是正措置を取り上げたＣＡＨＦＭ委託報告書の提出に基づき、政治活動における女性の状況の調査にあたる専門家委員会（ＤＨ－ＷＰＰ）の設置が、人権統括委員会（ＣＤＤＨ）により決定された。以降、女性の政治参画に関して、「女男の平等な処遇と平等な機縁の享受を目的として、特定の時限措置も含め、事実上の女男平等の確立を加速する戦略の実施[11]」を求める

(11) Conseil de l'Europe, *Résolution de la IIᵉ conférence ministérielle européenne sur l'égalité entre les femmes et les hommes*, doc. EG (89) 6, Strasbourg, 1989.

報告と決議が出された。議員会議による八六年一月二十七日の決議（第八五五号）でも、「女男平等に対する障害〔の一因〕がステレオタイプな態度」にある以上、「労働と要職との分配の均等化を通じて「両性の役割を変えることでしか平等は実現できない」と述べられた。

評議会が設立四〇周年を迎えた一九八九年のこと、ストラスブールで十一月六〜七日に開催された「パリテ民主制」セミナーで、「パリテ」は公式に国際デビューした。政策決定の場への女性の進出を民主制の条件とする新たな規範枠組みが、欧州評議会を中心に形成された経緯は、この一件からも明らかである。セミナーでは次の結論が示された。「民主制の基本原則たる権利平等が具体的に意味をなすためには、女性が市民権を実効的に行使すること、とりわけ女性市民が立法と行政の場に進出することが欠かせない[12]」。「〔フランス語のつくりとして男権として（も）観念される〕人権」の普遍性は現実の民主制と両立しないとする批判は、フランスのパリテ推進論が中核的な論法として引きとることになる。

評議会では、一九九五年に議員会議が採択した勧告（第一二六九号）に、「法律上かつ事実上の平等が肝要」、「パリテ民主制が重要」とうたわれており（第三条）、特定措置やアクション・プログラムが示唆された（第六条第二項）。

両性平等の問題へのパリテおよびパリテ民主制の概念の導入は、女男平等委員会〔一九八七年にCAHFMから改称〕事務局長を務めたクローデット・アプリルの持論であった。彼女がこれを専門家レベルの新たな作業仮説とするよう提案したのは八九年四月にさかのぼる。パリテはそこでは、共和的普遍主義の再考を通じて民主制の新たな時代を切り開く、と位置づけられていた。

「パリテ」はこのように用語としては欧州評議会で登場したが、理念自体は古くからある。フランスで最も有名な女性参政権論者《サフラジェット》ユベルティーヌ・オクレールは、一八八一年に『女性市民』紙を創刊し、一八八五年に「女性の選挙綱領」を著わして明言した。「議会は同数の女性と男性から構成されなければならない」。そこにあるのは女性の利益代表の論理ではない。両性の本当の政治的平等の達成という目標である。

2　EC／EUの法的枠組み——処遇平等からポジティブ・アクションへ

両性平等に関するECの法規範（基本法規または派生法規）は、一九七五年および七六年の指令が採択されるまで、ローマ条約（EC創設条約）第一一九条だけであった。フランスの要請によっ

(12) Conseil de l'Europe, séminaire « La démocratie paritaire. Quarante années d'activité du Conseil de l'Europe ». Conclusion, doc. EG Sem (89) 5 rév., Strasbourg, 1989, p. 1.

て加えられた同条は、フェミニズム的な主張を明示したものではない。歪みなき自由競争の原則をうたい、「男女労働者の同一労働＝賃金平等原則の実施」推進を主眼とする。七五年二月十日に発されたのは、同じ趣旨の賃金平等指令〔75／117／EEC〕、七六年二月九日に発されたのは、男女の機会平等を損ねる不平等の是正措置を適法化する処遇平等指令〔76／207／EEC〕である。

是正措置の規範枠組みは、一九八四年十二月十三日の「女性を優遇するポジティブ・アクションの推進に関する」閣僚理事会勧告（84／635／EEC）により明文化された。しかし八八年と九五年の欧州委員会報告書が嘆じたように、「ポジティブ・アクションに強制力がなければ、最善でも政策手段の域を出ず、機会平等の法的基盤とはなりえない」のが実情であった。

ポジティブ・アクションの各国法上の実施形態の適否は、一九九五年のカランケ事件、九七年のマーシャル事件に対する欧州司法裁判所（ECJ）の判例を通じて明確化される。「カランケ対ブレーメン市」事件の判決[13]は、七八年のデフレンヌ事件[14]など過去の判例の転換と受け止められて、大きな波紋を呼んだ。法制化された特定のポジティブ・アクションの処遇平等指令への適合が争点となったのは、本件が初めてであった。事件の経緯は次の通りである。ブレーメン市は、女性局長が男性局長よりも少ないとの理由から、公園局長に女性を選任した。カランケ氏は、この決定に不服を申し立てた。彼の主張によれば、自分のほうが適格性がある。適格性がたとえ同等だとしても、ライバル女性の優遇は自分に対する性差別となる。ブレーメン州法に優遇規定がなければ、社会福祉の観点から、扶養家族のいない彼女ではなく、三人の扶養家族のいる自分が昇進していたはずである。ＥＣＪは同州法の規定を無効とした。適格性が同等の場合の自動的な女性優遇は指令違反と解すべきとの判示であった。

カランケ事件の判決は大きな論争を引き起こした。欧州委員会はそれを総括した通達(15)を出し、個別事情を考慮する余地を残さないほど硬直的でないかぎり、性別割当は適法であるとの見解を示した。この解釈は、ポジティブ・アクションが争点となった第二の判決によって追認された。

---

(13) 訴訟 C-450/93 号「Eckhard Kalanke v Freie Hanselstadt Bremen」一九九五年十月十七日に下された判決、一九九五年 **IRLR** 660 記載。

(14) 一九七八年六月十五日、ベルギー女性デフレンヌが勤務先のサベナ航空と争った一連の訴訟の最後の判決では、賃金以外の労働条件はローマ条約第一一九条の対象に含まれないとされた〔訳注〕。

(15) COM (96) 88 final, catalogue n° CB-10-96-159-EN-C, Bureau des publications officielles des Communautés européennes, L-2985, Luxembourg.

一九九七年十一月十一日の「マーシャル対ノルトライン・ヴェストファーレン州」事件の判決[16]である。教員ヘルムート・マーシャルが行政裁判所に提訴して、上級職への昇進にあたって女性が自分より優遇されたのは、州公務員法修正条項（九五年二月五日付）のせいだと主張した。カランケ事件の判決を知る裁判所は先決問題として、州法が処遇平等指令に適合するかの判断をＥＣＪに求めた。同州法にはブレーメン州法と違って、「開放条項」と通称される適用除外規定がある。人物評価で（男性）候補者のほうが適任と考えられる場合に女性を優先させてはならないとする条項である。ＥＣＪは同州法を有効と認定した。この判決以後、ポジティブ・アクションが再び活気づいた。九七年十月二日のアムステルダム条約でも、第一四一条（ローマ条約第一一九条に相当）第四項にそれを補強する規定が置かれた。「処遇平等の原則は、職業上の完全な男女平等を具体的に保障する目的のもと、過小に代表されている性別の者の職業遂行を促すために、または職歴上の不利益を防止もしくは補償するために、加盟国が特定の便益を定める措置を維持または採用することを妨げない」。

両性平等に関する諸指令を一本化した二〇〇六年七月五日の欧州議会・閣僚理事会指令〔２００６／５４／ＥＣ〕でも、第三条「ポジティブ・アクション」として同様の規定が置かれた。加盟国には、職業上の完全な女男平等を具体的に保障する措置の維持または採用が認められているのである。

3　EC／EUの制度的枠組み――雇用分野から政策決定分野へ

ECの権限は雇用の分野にしか及ばないとはいえ、国際女性年の一九七五年以降に是認したポジティブ・アクションから、政治参画の分野を除外したわけではない。欧州委員会は七六年十一月に雇用総局に女性雇用問題室を設置し、九二年に女男機会平等ユニットに改組した。欧州議会は七九年に〔フランス選出の〕イヴェット・ルディ議員を座長として女権特設委員会を設置し、八四年に常設化した。

一九九〇年代前半は、ポジティブ・アクションへの関心が相対的に低下した時期だが、欧州評議会の作業進捗と並行して、欧州委員会でも第三次EC機会平等アクション・プログラム（九一～九五年）を策定し、「意思決定プロセスへの女性の積極的な参画は、男女の機会平等を達成し、

（16）訴訟C-409/95号（Verwaltungsgericht Gelsenkirchen が提起した先決問題の判断の請求）「Hellmut Marshall v Land Nordrhein-Westfalen」、欧州共同体官報（ブリュッセル）、一九九八年一月十日のC7, p. 4.

態度の恒常的変化をもたらすための最も効果的な手段の一つたりうる」と言明した。そのための措置をとることも約束され、専門家ネットワーク「政策決定の場の女性たち」が創設された。世話人がサビーヌ・ド゠ベテューヌ〔ベルギーの弁護士、後に上院議員、上院議長〕、フランスからはフランソワーズ・ガスパール〔社会学者〕、ベルギーからはエリアーヌ・ヴォジェル゠ポルスキー〔法学者〕が代表メンバーに入っている。このネットワークは、女男機会平等ユニットを率いるアニエス・ユベールと連携をとりつつ、欧州評議会で磨かれた論法の要諦を取り入れた。議会の女性不在は民主制の欠損でしかない、という主張である。

一九九二年十一月には、欧州委員会後援のアテネ会議「権力をとった女性たち」が開催された。欧州諸国の高位の女性政治家が集まって、政策決定は両性が共同で担うべきだと明言する憲章を採択した。フランス代表として署名したのはエディト・クレソン〔当時は前首相〕とシモーヌ・ヴェィユ〔当時は欧州議会議員、七〇年代に閣僚を経験〕である。議論の口火を切る役割を果した憲章は、「民主制では諸国民の代表と行政におけるパリテが要請される」と述べ、「諸国と欧州のフェミニスト団体が啓発運動・研修プログラムその他あらゆる適切な措置を通じて、女性による市民権の完全行使を奨励するための努力を続ける」ことを求めた。アテネ会議を支えた専門家ネットワークは、九四年に報告書『政策決定への女性参画を推進するための戦略』を発表し、九六年の第二回会議で採択されたローマ憲章（五月十八日）には、報告書の勧告が盛りこまれた。欧州委員会の第四次アクション・プログラム（一九九六〜二〇〇〇年）では、意思決定機関における均衡のテーマが浮上した。専門家ネットワークは維持されたが、潮目がここで変わっている。女性優遇措置のような従来の政策よりも、「ジェンダー主流化」と呼ばれる「統合型アプローチ」が重点化されるようになったのだ。九六年十二月二日の欧州理事会勧告（96／694／EC）でも、「意思決定プロセスへの女男均衡の参画を推進するために、包括的・統合型戦略を採用し、その達成に向けて適切な措置を展開または設定する」ことが加盟国に勧奨されている。

パリテ推進運動を受けてフランスがとった措置その他、諸国の講じた措置の背景には、本章で述べたEC／EU規範と国際規範がある。しかしながら、国際レベルでとられた施策や欧州レベルでとられた施策の影響力を過大評価すべきではない。一九九六年を境に、そうしたレベルの施策は減少し、EUの施策と各国の施策が必ずしも連携しなくなっているからだ。

第二章　諸国の事例

前章では、超国家機関がパリテの検討を重ねるようになった意義を素描した。本章では、意思決定の場における女性の過小代表を補うために諸国がとった戦略を分析する。

それらは欧州議会調査総局の作業文書[1]や、欧州評議会の女男機会平等委員会の報告書[2]による分類を参考に、三つの類型に分類できる。

・法律により全政党へ一律に、候補者の性別比に関して義務づけられるクオータ。
・法律により議席に女性留保枠（割当議席）を設けるクオータ。
・法的強制なしに、政党が自主的に設定するクオータ。

以下の記述はすべての国を網羅しているわけではない。各国の歴史と伝統に即した理解を図るべく、大陸で分けて代表的な諸国を挙げた。[3] 憲法により、選挙法により、あるいは政党が自主的に、クオータ制を実施している国は一〇〇あまりにのぼる。全体像を知るには、民主制・選挙支援国際研究所〔International IDEA〕とストックホルム大学が構築したデータベース[4]を参照されたい。

クオータの論理にまさると主張される「パリテ法」に関しては、フランスの事例に特化して第二部で論ずる。

---

(1) Garcia Munoz Victoria, *Incidences variables des systèmes électoraux sur la représentation politique des femmes*, Luxembourg, Parlement européen, Direction générale des études, série « Droit des femmes », 1997.

(2) Paschal Mooney, *La participation des femmes aux élections*, Rapport de la Commission pour l'égalité des chances pour les femmes et les hommes du Conseil de l'Europe, Doc. 10202, 7 juin 2004.

(3) 付表「本文に言及のある諸国の一院制国会または下院の女性議員」を参照。

(4) https://www.idea.int/data-tools/data/gender-quotas

Ⅰ　法律による候補者クオータ

欧州の三か国、イタリア、ベルギー、ポルトガルの事例からは、候補者クオータ制を採用した国にどのような事情があり、立法の際にどのような論争があったかがよく分かる。ラテンアメリカ諸国の事例からは、奨励規定どまりの法定クオータの限界が明らかになる。

1　欧州――イタリア、ベルギー、ポルトガル

イタリアで女性が市民権を得たのは一九四五年と遅い。しかし九三年および九五年の一連の選挙法により、公選議員職への女性の平等な参入を促進する措置を欧州で最初に導入した国となった。

地方議会に関しては、一九九三年三月二十五日の市町村長・県知事・市町村議会・県議会直接選挙法〔および同年の改正法〕により、両性いずれの候補者も人口一万五〇〇〇人以下の市町村では比例代表名簿の四分の三、県および一万五〇〇〇人超の市町村では三分の二を超えてはならないとの規定が置かれた。下院に関しては、九三年八月四日の法律により、定数の七五パーセン

トが小選挙区、二五パーセントが厳密な両性交互登載による比例代表へと選挙方式が変更され、九四年の選挙で適用された。普通州に関しては、九五年二月二十三日の法律により、「州議会および県議会の候補者名簿においては両性いずれの候補者も三分の二を超えてはならない」との規定が置かれた（第一条）。しかし九五年九月に〔市町村議会選挙に関わる事件において〕憲法裁判所が違憲判決を出した結果、これらの規定はすべて無効となった。

転機は二〇〇三年二月二十日に訪れた。イタリア共和国は「適切な措置によって女男の機会均等を推進する」と第五一条に定める憲法改正法が成立したのである。これを受けて一連の法律が制定され、なかでも一七年の法律では、国会選挙に四〇パーセント・クオータが義務づけられた。一八年の総選挙後の現国会の女性比率は、下院三六パーセント、上院三五パーセントである。[5]

（5）本書で挙げられている女性議員比率は、特筆のないかぎり一院制国会または下院の二〇二二年九月一日現在のものである。以降に選挙が実施された諸国に関しては、同年十一月一日現在の状況を巻末の表に注記した〔訳注〕。

一八三〇年に制限選挙が始まったベルギーは、第一次世界大戦直後の一九一九年に普通選挙に移行した。男性は無条件であったが、女性が〔二〇年の法律により〕得たのは市町村レベルの選挙権だけで、売春婦は除外された。女性も同様の普通選挙となったのは、四半世紀あまりを経た四八年のこととなる。

ベルギーでは一九九四年五月二十四日に「選挙候補者名簿男女均衡配分推進法」が成立した。この「クオータ法」は法案を提出した二人の閣僚、機会平等担当大臣と内務大臣の名からスメットートバック法と通称される。連邦国家と連邦構成体を通じて全レベルで全政党にクオータを義務づけた国内法としては、欧州初であった。同法の規定では、同じ性の候補者が正候補と予備候補の合計三分の二を超えてはならない。クオータを守れない場合には、女性の位置は空けたままにしなければならない。四分の三クオータが経過措置として適用された九四年の地方選では、新法の措置が奏功して、女性候補比率が（わずか一〇パーセントから）二〇パーセントにまで増大した。とはいえ、法律の効果には限界もあった。順位規定がなかったため、女性候補が数のうえでは十分でも、当選圏内に置かれると限らなかったからだ。同法が初めて国政レベルで全面的に適用された九九年六月十三日の下院選でも、候補者中では女性が三九パーセントを占めたのに対し、当選者中では二三・三パーセント（九五年には一八・八パーセント）にとどまった。

一九九四年法を改正する地ならしとして、憲法第二編の改正法案が二〇〇一年、三月八日という象徴的な日[6]に上院で可決された。ベルギー市民の法的平等を規定する第一〇条には、「女男平等が保障される」と定める一項が加えられた。また、法令をもって「女男による自己の権利と自由の平等な行使」を保障し、「なかんずく公選議員職への平等な参入」を促進することや、「内閣および共同体・地域政府[7]には異なる性別の者を含める」ことを規定する第一一条の二が追加された。この憲法改正は〇二年一月二十四日に下院で成立した[8]。その効力は全行政機関、すなわち常設使節団〔州政府の旧名〕、市町村長・助役団、市町村や州をまたぐ広域機関に及ぶ。欧州議会・下院・地域議会選挙に関しては、〇二年六月十七日および七月十八日の「パリテ法[9]」が制定され

(6)「国際女性デー」である〔訳注〕。
(7) ベルギー連邦は、一方では経済政策等を担う地域（フランデレン、ワロン、ブリュッセル）、他方では教育政策等を担う共同体（オランダ語、フランス語、ドイツ語）から構成される。後者は前者の地理的区分と重なり合うが完全には一致しない部分もある。州はフランデレン地域とワロン地域の下にある〔訳注〕。
(8) *Moniteur belge* du 26 février 2002.
(9) *Moniteur belge* du 28 août 2002 et du 13 septembre 2002.

た。候補者名簿登載の男女均等を掲げ、上位二名（当初は経過措置として三名）を同じ性の者にしてはならないことを定めている。地域・共同体政府首脳に関しては、〇三年五月五日の法律[10]により、両性混成が保障された。市町村議会選挙と州議会選挙に関しては、地域が〇五〜〇六年に定めた政令[11]によって候補者パリテの原理が導入され、ワロンとブリュッセルでは名簿の上位二名、フランデレンでは上位三名を両性交互登載にすると規定された。フランデレンとワロンでは、地域政府首脳を両性混成とすることも定められた。候補者名簿の男女均等（差は一名まで）がベルギーで保障されるようになった経緯は、以上の通りである。

二〇一九年の下院選後の現国会の女性比率は、下院四三パーセント、上院四八パーセントである。

ポルトガルが女性に男性と同一条件で選挙権と被選挙権を付与したのは一九七六年、欧州で最も遅かった。ポジティブ・アクション法制化の道を開いた憲法改正は、女権問題に取り組むＮＧＯの働きかけも奏功して九七年に成立した。法律により、市民的・政治的権利の行使における平等と、政治的要職への参入における性差別解消とを推進することが、第一〇九条に規定された。九九年には社会党内閣と与党議員が専門家の助言に従って、比例代表名簿に女性――と男性――

を最低二五パーセント登載することを義務づける選挙法改正案を提出したが、否決に終わった。政府は二〇〇一年三月に、国会〔一院制〕・欧州議会選挙の候補者名簿に関して両性市民の機会平等を保障する新たな法案を提出した。ポジティブ・アクション反対論で野党が糾合した結果、この法案も否決された。

とはいえポルトガルの事例からすると、法定クオータと政党クオータを杓子定規に切り分けるべきではない。女性議員比率は二〇〇五年二月の国会選挙で二一・三パーセントに達したからだ。法案不成立にもかかわらず、二五パーセントという比率が、それに公然と反対した野党でも自主目標とされたことによる。統一民主連合〔左派〕だけは一九九九年の選挙で目標を達成していたが、政府法案支持の社会党も含めた他の諸党も二五パーセントに乗せたのが、この〇五年の選挙

(10) *Moniteur belge* du 12 juin 2003.
(11) 二〇〇一年以降、州議会選挙と市町村議会選挙を実施する権限は地域にある。ブリュッセル地域では、市町村選挙における男女平等を保障する〇五年二月十七日のオルドナンス (*Moniteur belge* du 9 mars 2005)、ワロン地域では、地方民主制・地方分権法典の規定を一部変更する〇五年十二月八日のデクレ (*Moniteur belge* du 2 janvier 2006)、オランダ語共同体〔＝フランデレン地域〕では、選挙法典の改正に関する〇六年二月十日のデクレ (*Moniteur belge* du 28 février 2006) が定められた。

であった。
二〇〇六年七月六日、ジョゼ・ソクラテス〔社会党〕政権で、「パリテ法」が成立にいたり、欧州議会・国会・地方議会選挙において候補者三名ごとに両性混成とする三三パーセント・クオータが規定された。二二年の選挙後の現国会の女性比率は三七パーセントである。

2 ラテンアメリカ――アルゼンチン、コスタリカ、ブラジル、ボリビア、ペルー、メキシコ

ラテンアメリカでは一九八〇〜九〇年代に、候補者クオータ制の是非が論争となった。制度を導入した国もあるが、選挙の結果が積み上がるにつれ、その有効性をめぐる論争が再燃した。

女性が一九四七年に参政権を得たアルゼンチンは、九一年十一月六日、ラテンアメリカで最初にクオータ制を導入した国である。[12] 政界と市民団体にまたがる女性の取り組みにより、候補者名簿に女性を最低三〇パーセント登載することが法制化された。この法律は女男平等論を後押しし、実際に成果も上げた。女性議員比率が五・三パーセントから六倍の二八パーセントに増え、同様の候補者クオータが市町村議会にも導入されたのだ。九四年に発足した制憲会議では、さまざまな政党に所属する女性が議席の二六パーセントを占め、女性差別撤廃条約の理念を盛りこん

だ条項も可決された。九六年に憲法上の自治市となったブエノスアイレスの市議会では、女性比率が三〇パーセントを超え、女性議長が誕生した。両性間の政治権力分有においてアルゼンチンがラテンアメリカ諸国を先導していることは、二〇〇五年十月の下院選でも明らかであった。下院の女性比率は、〇七年の国会選挙で四〇・八パーセント、世界第四位に達したが、二二年九月現在は四四・八パーセント、第一五位である。

アルゼンチンを凌駕したのは、世界第二位で五三パーセントのキューバ、五二パーセントのニカラグア、五〇パーセントのメキシコ、四七パーセントのコスタリカ、四六パーセントのボリビアである。ニカラグアでは〇〇年の法律〔の一二年に行なわれた改正〕により、厳密な交互登載名簿による候補者パリテ、コスタリカでは〇九年の法律により、地方選挙も含めた候補者名簿の同数登載（差は一名まで）が規定されている。

一九三二年にラテンアメリカで初めて、制限のない参政権を女性に付与したブラジルでは、八八年憲法で男女の完全な平等の原則を宣言した。しかし職業上も政界においても両性が不平等

(12) 法定クオータとしては世界初でもある〔訳注〕。

な現実を前に、九五年八月にクオータ法案が提出された。中心に立ったのは、後にサンパウロ市長や観光大臣を歴任したマルタ・スプリシー下院議員である。法案は九五年九月二十九日の法律に結実し、まずは市町村議会選挙における二〇パーセントの女性クオータが設定された。これを強化したのが九七年九月三十日の法律であり、連邦・州・市町村の全レベルを通じた選挙クオータ制が確立された。当初二五パーセントに設定された比率は、二〇〇〇年に三〇パーセントに引き上げられた。

女性議員は、一九九六年に実施された市町村選挙で、七パーセントから一二パーセントへ増加した。しかし九八年の下院選では、候補者中では倍増しつつ当選者中では減り、議員数が減少した。この結果からも、違反政党への罰則が実質的になければ、法定クオータ制には限界のあることが分かる。ブラジル現国会の女性比率は、クオータ制の導入にもかかわらず、下院一四・八パーセント、上院一七・三パーセント、世界第一四五位にとどまっている。

ボリビアでも、一九五二年の女性参政権から四〇年あまりを経て、九七年三月に選挙法が改正された。候補者の最低三〇パーセント、三名ごとに最低一名は女性を含めるとする規定である。九九年の市町村選挙では、一〇政党中七政党がクオータ比率を守ったものの、男性候補が女性を詐称する不正も通報された点は特筆に値しよう。二〇一〇年には、交互登載名簿によるパリテを義務づける選挙法が成立した。二〇年の選挙後の現国会の女性比率は、下院四六パーセント、上院五六パーセント弱である。

ペルーは、女性への選挙権付与がラテンアメリカで最も遅い部類に入る。一九五五年、マヌエル・オドリア軍事政権が女性の保守性に期待しての付与であった。女性の政界進出が真に勢いづくのは九〇年代後半のことになる。その背景には、〔一院制に変更された〕国会で九七年に可決された二つの選挙クオータ法の存在がある。第一の法律により国会選挙での二五パーセント・クオータが義務づけられ、第二の法律により市町村議会選挙にも拡大された。最初の適用となった九八年の市町村議会選挙では、クオータの有効性を示す結果が出た。女性比率は候補者中で二五パーセント、また名簿順位に関する特段の義務規定がなかったにもかかわらず、当選者中でも二五パーセントである。二〇一九年に制定された新法では、国会選挙のクオータが四〇パーセントに変更され、さらに二六年に四五パーセント、三一年に五〇パーセントへ引き上げることも規定された。二一年の選挙後の現国会の女性比率は四〇パーセント、世界第二七位である。

メキシコの女性は一九四七年に選挙権、五三年に被選挙権を得た。下院の女性比率が一〇パーセントで足踏みしていた八〇年代の終わりから九〇年代の初めにかけ、革命民主党（ＰＲＤ）と制度的革命党（ＰＲＩ）をはじめとする諸政党の内部で、候補者クオータの議論が進むようになった。

一九九三年に連邦選挙機構・手続法（ＣＯＦＩＰＥ）が改正された際、国政への女性参画の推進を諸政党に奨励する規定が置かれた（第一七五条第三項）。九六年の改正時には、「全国政党はその党規約において、両院の立候補者の七〇パーセント超が同じ性の者とならないよう配慮する」ことが奨励された。二〇〇二年五月には下院が全会一致で「クオータ法」を可決し、三〇パーセント・クオータが奨励規定から義務規定に変わった。違反に対しては、通告に始まり公開譴責《けんせき》を経て、それでも是正されなかった場合には候補者登録を受けつけない、とする罰則も設けられた。〔二〇年四月十三日に改正された〕一四年五月二十三日の選挙機構・手続一般法では、選出職の候補者および任命職の女男の政治的平等が五〇パーセント・クオータにより保障されている（第三条ｄの二）。二一年の下院選後の現国会の女性比率は五〇パーセントである。

法定クオータが有効に働くには違反に対する罰則が必要であることが、ラテンアメリカ諸国の事例からよく分かる。

Ⅱ 議席クオータ（女性留保枠）

参画クオータとも呼ばれる候補者クオータは、女性が政党・政界でこうむっている直接的・間接的差別を補償することで、政治的要職への平等な参入をめざす積極的差別の仕組みである。アジアやアフリカでは、女性への議席割当という別のかたちの法定クオータが設定されている。それは参画クオータではなく結果クオータであり、機会の平等ではなく結果の平等を原理とする。

1 アジア──インド、パキスタン、バングラデシュ

アジアでは一九八〇年〜九〇年の時期から、議会における女性の慢性的な過小代表が、女男平等に対する大きな障害と見なされるようになった。

この認識の背景には、植民地機構のもとで特定の集団・個人が現地代表の役割を割り振られた英印時代の伝統がある。一九三五年インド統治法により立法機関に各州からの民選が導入された

際、特定のカテゴリーを代表しない直接選挙による一般選挙区とは別の、間接選挙による留保枠の一つとして女性枠が設けられたのである。上院（連邦議会）の民選一五〇議席中六議席、下院（中央立法議会）の民選二五〇議席中九議席が女性に留保されたが、一般選挙区からの重複立候補はできない規定だった。同法の定めた女性参政権は条件つきであった。二一歳以上で教育があり、本人または存命もしくは死亡した夫が有産者でなければならず、対象となった女性は六〇〇万人にすぎなかった。以上が四七年の独立以前の英領インドの状況である。

現パキスタンから一九七一年に独立してバングラデシュとなる東パキスタン州では、州議会にもパキスタン国会〔当時は一院制〕の同州選挙区にも女性枠が設けられていた。

以下の記述はこの三か国にしぼるが、ネパールでも一九九七年の地方選の際に二〇パーセント・クオータが導入され、九九年の地方自治法により四〇パーセントに引き上げられている[13]（第七六条）。

女性が独立運動に積極的な役割を果たしたインドでは、米国や英国、フランスと違って女性が男性と同時に、一九五〇年の憲法により参政権を獲得した。独立後は州議会と下院《ローク・サバー》に、指定カーストや指定部族のような後進階級の留保枠が設けられた。女性に関しては、八三年にカルナータカ州が農村自治体《パンチャーヤト》に二五パーセント、九〇年にマハーラーシュトラ州が都市自治体と農村自治体に三〇パーセントの留保枠を導入した。九三年には、〔八四〜八九年の首相〕ラジーヴ・ガンディーが開始した地方分権化の流れを汲む第七三次・七四次憲法修正により、地方自治体レベルの女性枠が三三パーセントに拡大されて全国に適用された。議会における代表性の平等および女性議員の「クリティカル・マス」の確保が主張された前述の北京女性会議の際、社会全体の諸々の社会的・経済的・文化的価値観を政策に反映するために女性が適切な影響を行使できる最小値とされた比率である。議席クオータ導入後一〇年間で、インドの女性地方議員は一〇〇万人の大台に達した。しかし州・国政レベルでの女性の進出はあまり進まなかったため、九六年の下院選にあたって主要全国政党は、州議会・国会への議席クオータ拡大を約束するマニフェストを公表した。それを実現しようとした一連の憲法改正案を契機にクオータ制の是非、すなわち女性の政治的過小代表の問題が、まさに国民的な大論争となった。都市自治体や農村自治体のレベルでは、全二九州のうちかなりの州で三三パーセントを超える（最大五〇パーセント）比率が導入されている。

(13) 国政レベルでも、二〇一五年憲法により三分の一クオータが規定された〔訳注〕。

インド下院の女性比率は、二〇一九年の選挙後の現国会でも一五パーセントにとどまっている。

一九四七年のパキスタン独立は、女性が参政権を得る機会であったと同時に、彼女らが政治的積極行動主義に向かう変化の起点ともなった。民族主義闘争の時期に容認・奨励されていたことが、以後は許容されなくなったからである。

パキスタンの歴代憲法には英領時代を踏襲するかたちで留保枠規定が置かれた。一九五六年憲法では、国会〔当時は一院制〕と州議会に約三パーセントの女性枠が〔一〇年間の時限措置として〕設けられた。〔軍政期の〕六二年憲法では、比率は微増したものの、選出方式が男性議員による間接選挙に変更された。六五年の大統領選では、独立運動の指導者ムハンマド・アリー・ジンナーの妹ファティマ・ジンナーが立候補し、兄に協力した功績を評価するイスラーム諸野党もこの女性候補の支持に回る、という捻れ現象が見られた。七〇年には、国会選挙が初めて直接普通選挙で実施された。〔西パキスタン側の〕一般選挙区でも九人の女性が無所属で立ったが全員落選し、女性枠で選任された六人の就任にとどまった。七三年憲法〔現行憲法〕では、下院〔定数二〇〇に追加の〕一〇議席、州議会〔各州定数に追加の〕五パーセントの女性枠が、一〇年間の〔または選挙回数による〕時限措置として規定された。七七年三月の下院選では、男性議員による間接選挙の女性枠ではなく、一般選挙区から初めて女性議員ナシーム・ワリー・カーンが誕生した。女性が一般選挙区で党公認候補となったのも初めてであった。しかし、この議会は七七年七月、ジア・ウル・ハック陸軍参謀長によるクーデタ後に停止された。八八年まで続いた軍政期には、公共圏における女性の地位を制限する差別的な法律が相次いで施行された。

一九八八年に下院選が実施された際には、一般選挙区から一七人の女性が立候補した。留保枠の二〇人に加え、当選したベーナジール・ブットーとその母を含む四人が女性議員となった。女性四人が入閣し、女性省も創設したブットー内閣には当初、大きな期待が寄せられた。しかし七九年の政令をはじめとする女性差別的な法令が見直されることもなく、失望した女性運動は、九〇年の下院選で〔女性枠規定の失効により〕一パーセントにまで落ちこんだ女性比率低迷の問題に注力するようになる。三人の女性が入閣した九三〜九六年の第二次ブットー政権時代に、NGOは九五年の北京会議の準備作業や九六年の女性差別撤廃条約批准に関与する。そして、パキスタンが北京会議の国家行動計画で約束したように、国会の女性枠を間接選挙ではなく直接選挙とし、比率を三三パーセントに引き上げることを要求した。議論紛糾の末に二〇〇二年二月に発表された政府決定は、下院で定数三四二中六〇議席、上院で定数一〇〇中一七議席、州議会でも同様の一七・五パーセント。足し合わせると、定数一一七〇中二〇五議席、一七・五パーセントである。

女性枠が男性議員による間接選挙とされ、比率もそれまで抑えられてきたパキスタンで、二三三人の女性議員が誕生し、下院の女性比率が二一・三パーセントに増加したのは、二〇〇三年二月の上院選に先立つ〇二年十月、下院・州議会選挙が実施された後のことである。一八年の下院選後の現国会の女性比率は、下院二〇パーセント、上院一九パーセントである。

バングラデシュの女性は、独立から一年後の一九七二年に参政権を得た。九一年三月から二〇〇六年十月まで首相と院内野党トップの座は、二人の女性党首カレダ・ジアとシェイク・ハシナが〔選挙管理内閣を除き〕交互に占めた。国防大臣も兼務する首相への女性の就任は、性差別的ステレオタイプの解体に一役かった。

バングラデシュは、期限を切った「留保枠」が現在設定されている唯一の例をなす。一九七二年の憲法に一〇年期限で規定された女性枠〔当初五パーセントから九パーセントに拡大〕は、〔延長の失効により〕二〇〇一年の選挙ではゼロとなり、〇四年に復活した。一八年には、〔定数三五〇中〕五〇議席まで拡大されていた女性枠が二五年期限で延長された。一八年の選挙後の現国会〔一院制〕の女性比率は二一パーセントである。

議席割当という措置は、単に女性議員の数を底上げするだけではない。直接選挙による一般選挙区からの立候補に必要な、政治的資源を獲得する一助でもある。しかし、間接選挙による議席割当では、選任された女性が党や男性議員に恩義を感じるだけで、草の根の地盤固めにはつながりにくく、一般選挙区からの立候補を後押ししたとは言いがたい。

2 アフリカ[14]――ルワンダ、ウガンダ、ニジェール、モロッコ、エジプト

アフリカ大陸諸国では女性議員比率の差が著しい。二〇二二年九月現在、六一・三パーセントのルワンダが世界のトップに立つ一方で、〇パーセントのイエメンが最下位に伍す。平均値はサブサハラ諸国が二六・四パーセント、中東・北アフリカ諸国が一八・三パーセントである。国によって差があるのは、第一に女性の選挙権獲得の時期が異なるからだ。セネガルとトーゴでは一九四五年、南アフリカの黒人は九四年である。第二にアフリカに限ったことではないが、比例代表方式の国では女性議員比率が高い。

(14) 本項の記述内容に著者はアラビア半島を含めている〔訳注〕。

アフリカ諸国や紛争後諸国ではクオータを実施しているところが多く、ルワンダもその一つである。主権国家の国会議員をメンバーとする列国議会同盟(15)（IPU）によれば、二〇〇〇年以降は多くの紛争後諸国が女性議員比率の上位三〇か国に入っており、新制議会のクオータ制や議席割当の有効性が認められるという。

二〇一八年の下院選後のルワンダ国会の女性比率は、下院六一・三パーセント、上院三八・五パーセント〔翌年の上院選後は三四・六パーセント〕である。女性の参政権獲得が、ベルギーからの独立を宣言した一九六一年と遅かっただけに注目に値する。九〇年代初めに内戦が勃発し、九四年にジェノサイドが起こる以前には、国会〔〇三年まで一院制〕の女性議員比率は最大一八パーセントにとどまっていた。ジェノサイド後に発足し、九四年から〇三年まで九年続いた暫定政権期のあいだに、〔任命により〕二五・七パーセントまで上昇した。

二〇〇三年五月に、新憲法が成立した。起草にあたった一二名の憲法委員会には、市民社会を唯一代表したジュディス・カナクゼら、三名の女性が含まれていた。憲法前文には、女性差別撤廃条約をはじめ、人権分野の国際法が列挙されている。第一編〔第一章第九条〕に、ルワンダ国家は「法治国家と多元的民主制の確立、全ルワンダ国民の平等、女男平等ならびに政策決定機関のポストの少なくとも三〇パーセントの女性への割当」を約するとうたわれ、第四編で両院の議席割当の実施形態が規定された。

一九九四年のジェノサイド以後、女性の政治的代表を国家基本原則の一つとする決定がなされた背景には、〔政権を握った〕ルワンダ愛国戦線（ＲＰＦ）に対するウガンダの影響力がある。ＲＰＦメンバーのかなりが〔内戦中に〕国外拠点としたウガンダでは、クオータ制により女性の参画を保障し、各県から一議席の女性枠を設けることが九五年憲法に定められている。ＲＰＦメンバーはこのウガンダの制度や、南アフリカのアフリカ民族会議（ＡＮＣ）の女性党員の活躍を知っていたのである。

ウガンダでクオータ制が導入されたのは、一九八〇年代〔の内戦時〕に国民抵抗軍（ＮＲＡ）に加わった女性戦闘員の存在感が大きかったからである。この反政府組織は、制圧した地域ごとに設置した地方評議会に女性問題担当の女性書記を置き、八六年に政権を握った際に同様の制度を全国に拡大した。九四年にヨウェリ・ムセヴェニ大統領が副大統領としたワンディラ・カジブ

（15）一八八九年に創設された最古の国際政治機関である。cf. http://www.ipu.org

ウェは、首脳級のポストにアフリカで初めて就任した女性の一人である。

ウガンダやそれに触発されたルワンダが、国会の女性枠を憲法で規定したのに対し、スーダンやニジェールは、同様の規定を法律で定めた。ニジェールでは、二〇〇〇年に成立し、〇四年の選挙から適用された法律により、公選議員の当初一〇パーセント、現在二五パーセント、任命による政府ポストの当初二五パーセント、現在三〇パーセントが女性に留保されている。

議席割当はモロッコにも導入された。二〇〇二年九月と〇七年九月の下院選では、定数三二五中三〇議席、一〇パーセント近くが女性に留保された。一一年に選挙法が改正され、女性枠は〔定数三九五中〕六〇議席に倍増し、四〇歳以下の若年男性枠三〇議席も設けられた。市町村議会選挙でも、〇八年に一二パーセント・クオータが導入されている。二二年現在、下院の女性議員比率は二四・一パーセントである。

エジプトの事例も、議席割当の有効性を示すものとなっている。〔サーダート政権期の〕一九七九年、女性は国会〔当時は一院制〕の〔定数三五〇中〕三〇議席を留保され、一般選挙区からの立候補も認められた〔法律第二一号〕。八六年、この選挙法は〔最高憲法裁判所判決により〕違憲無効とされ、新法が制定された（法律第一八八号）。〔シシ政権下の〕二〇二〇年、〔前暫定政権期に制定された〕一四年法の改正により、下院議席の二五パーセントが女性に留保され、また議席の最大五パーセントを大統領が任命するようになった（法律第一四〇号）。二〇年の下院選後の現国会の女性比率は二八パーセントである。

Ⅲ　政党クオータ

政党の定めたクオータ制という第三の戦略の検証にあたっては、先駆けとなった北欧諸国の事例から説き起こさなければならない。女性議員比率がこんにち四六・二パーセントの南アフリカや、四二・四パーセントのモザンビークなど、世界各地に政党クオータが広がったのは、その後のことになる。

1　北欧諸国——アイスランド、デンマーク、スウェーデン、ノルウェー

北欧のデンマーク、フィンランド、アイスランド、ノルウェー、スウェーデンはよく、両性平

等のモデルとして挙げられる。最小のデンマークで三九・七パーセント、最大のアイスランドで四七・六パーセントという女性議員の多さも理由である。

これら諸国には国会同士の協力機関として、一九五二年に創設され、加盟国全体に関わる問題の立法に取り組む北欧理事会が存在する。政府間の協力機関としては七一年に創設された北欧閣僚理事会があり、両性平等に関する複数の審議会が七二〜七六年に設けられた。諸国を通じた政党クオータの成功も、そうした協力機関における意見交換や経験共有のたまものであり、政党とフェミニズム運動との連携が女性議員の増加につながったと言えるだろう。

アイスランドでは、一九〇八年に二五歳以上の女性納税者が〔首都で地方〕選挙権を獲得し、二〇年に制限が撤廃された。この国の女性たちは過去に少なくとも三度にわたり、政治的平等の道筋を示してくれた。七五年、処遇平等と権利平等を求めるストライキを実施。八〇年、大統領選でヴィグディス・フィンボガドゥティルが選出。八三年、女性政党「女性連合」が下院選で五・五パーセント、八七年には一〇・一パーセントを得票、諸政党は女性票をつなぎとめるために公約の見直しを迫られた。以後、国会〔九一年以降は一院制〕の女性比率は、〔八三年以前の〕五・〇パーセントから二〇〇三年の選挙で三〇・二パーセント、〇七年の選挙で三一・七パーセントへと着実に伸長した。

歴代政権は法律による候補者クオータの義務づけや女性枠の設定に消極的だった。しかし最大政党の独立党を除く全政党が党規約に候補者クオータを導入したため、観念した〔独立党〕政権は一九九八年に、女性議員を増やす方策を検討する委員会を設置した。九九年の国会選挙では、全政党がこの問題を争点として取り上げ、八三年の選挙後に一〇パーセントだった女性閣僚比率は九九年には〔内閣改造を経て〕三三パーセントに上がった。議会の両性均等に対する大きな障害は党内の予備選挙にあり、それが二〇〇三年の選挙の際に明確化した結果、各党執行部は比例代表名簿の男女比を均等にすることを党規約で定め、候補者選考の最終決定権をもつ地方執行部も従った。選挙後の女性比率が三〇・二パーセントにとどまったのは、定数六三中二二議席を得た独立党で女性議員が四人にすぎなかったからだ。二一年の選挙後の現国会では四七・六パーセントである。

女性が一九一五年に選挙権を得たデンマークでは、嚆矢となった社会主義人民党が、早くも七〇年代に四〇パーセント・クオータを設定している。デンマーク諸政党のクオータ制は、二〇二二年現在三九・七パーセントに達した女性議員の着実な増加に示されるように、明らかに大きなインパクトを与えたが、他の北欧諸国が続々とクオータ制を導入した九〇年代にほぼ廃止された。

女性が一九二一年に男性と同等の市民権を得たスウェーデンの場合、諸政党が両性平等に賛同しつつもクオータ立法には動こうとしなかったのが、八〇年代の状況であった。しかし八八年の国会〔一院制〕選挙の際は、多くの議会政党が自主的に、四〇パーセント・クオータを導入した候補者名簿で臨んだ。有権者が〔定数二一～三九の二九の〕比例区[16]で、政党名のかわりに候補者名でも投票できる選挙制度が、政党を交互登載に踏みきらせることになった。

スウェーデン女性がこんにちの政治進出を果たすにいたったのは、政党の内部やネットワークの内部で組織化を進めたからである。党の垣根を超えて連携行動をとり、強い連帯を示した女性たちは、一九九〇年代序盤に「満額の賃金、権力の半分を」をモットーに、強力なネットワークを作り出した。その発端は、女性議員比率が三八パーセントから三四パーセントへと、女性が選挙権を得てから初めて低下した九一年の国会選挙にある。さまざまなネットワークが創設されて議論を重ね、九二年十月にフェミニスト政党として名乗りを上げた。世論調査で三〇～四〇パーセントの支持を得た彼女らが、九四年の議会選挙に〔候補者を実際に立てることはせず〕大きな圧力をかけるなか、社会民主労働党を率いるイングヴァール・カールソン元首相〔八六～九一年〕は、内閣を両性同数にすることを公約に入れた。この公約は実現され、世界初の両性同数内閣が出現した。スウェーデンでは、名簿順位を両性交互とする「ジッパー方式」が強く支持されている。現在までに五つの政党がこの方式を採用し、過去一五年間の女性議員の再選率を押し上げた。二〇一八年の選挙後の現国会の女性比率は四六パーセントである。

ノルウェーでは、女性が〔制限つきの〕被選挙権を一九〇七年、選挙権〔を含む普通選挙〕を一三年に獲得した。国会〔一院制〕の選挙制度はスウェーデンと似ており、県単位の一九の比例区がある。諸政党は選挙法と憲法に由来する規制を受ける。候補者選定が各党の規約に従って進められる点もスウェーデンと同様だ。大半の政党は四〇パーセント・クオータを定めている。極左政党の赤色選挙連合では五〇パーセントである。極右政党の進歩党だけは、性別クオータに関する規定がなく、女性議員比率が最も低い。二〇二一年の選挙後の現国会の女性比率は四五パーセン

(16) 二〇二一年九月の選挙では定数二～四〇。これに加えて選挙後に得票率に応じて配分される議席が全三九あり、総数三四九となる〔訳注〕。

トである。

2 ドイツと旧共産圏諸国

北欧諸国と同様にドイツの経験からも、政党クォータに女性議員を増やす効果のあることが確認される。

ドイツ女性が完全な市民権を得たのは一九一八年のことである。憲法である四九年五月二十三日の基本法には現在、「国家は女男平等の実際の実現を推進し、現存の不利益をなくすよう努める」との規定が置かれている（第三条）。政党は憲法で承認・規制される存在であり、民主的に結成された政党には候補者選考の権利が憲法上保障される。政党クォータが基本法の規定（第二一条および第三八条）や、人権保護関連の国際規範、女性差別撤廃条約をはじめとする両性平等に関する国際規範に合致するとのコンセンサスは、各党の内部論争を別として広範に成立している。

ドイツ下院（連邦議会）の選挙は併用制であり、定数の半分は小選挙区に、もう半分は比例代表部分に割り当てられる。ポジティブ・アクションに関しては選挙法に規定がなく、各党の規約に委ねられている。「女性規約」を最初に設けたのは緑の党であり、比例名簿を必ず交互式にすることを一九八六年に決定した。後追いした諸政党は、三〇パーセント、四〇パーセント、五〇パーセントのクオータを設定したが、自由民主党（FDP）だけは、ポジティブ・アクションをとっていない。社会民主党（SPD）の場合には、あらゆる選挙に四〇パーセント・クオータを設けることを規約に（八八年に当初二五パーセントから始めて）定めている。また各レベルに「パリテ促進委員会」が置かれ、党内女性組織との連携にあたっている。キリスト教民主・社会同盟（CDU・CSU）では、遅れて九六年に規約を改正し、候補者の三三パーセントを女性にすると規定した。CDUが第一回投票の候補者の三分の一を女性にする定足数制《クォールム》をさしあたり定めたのに対し、CSUは党内機関に五〇パーセント・クオータを設定した。

二〇二一年九月の下院選後の現国会の女性比率は、下院三四・九パーセント、上院（連邦参議院）三三・八パーセントである。

旧共産圏諸国の事例に比べると、ドイツの事例はセオリー通りである。クオータ制は旧共産圏では、旧体制の復活として批判された経緯がある。これらの諸国には、一九一八年に女性が参政権を得た国が多いことも付記しておく。

共産体制が最も長かったロシア連邦の場合、当時設立された諸々の女性団体が以後も大きな役割を果たした。一九九三年の下院《ドゥーマ》選では、それらを基盤として結成された女性政党が八パーセントの得票を上げ、他の政党にも影響を及ぼした。とはいえ、以降の下院の女性比率からして、ロシア政界にパリテの種がまかれたとは言えない。二〇二二年現在の下院の女性比率は一六パーセントである。

チェコにはクオータを導入した政党もある。

ポーランドでは二〇一一年に、下院選と地方選の比例名簿に三五パーセントの女性クオータが設けられた。一九年十月の両院選後の現国会の女性比率は、下院二八・三パーセント、上院二四パーセントである。

ハンガリーでは社会党が長い論争を経て〔二〇〇二年に〕、女性および三五歳未満の若年層を対象に、「党内機関の五分の一」のクオータを導入した。一八年の選挙後の現国会〔一院制〕の女性比率は一四パーセントである。

3　英国とスペイン

英国とスペインには、女性の政治的過小代表に対処するための戦略を実施したところ、国内司法によって無効とされたという共通点がある。いずれの事例でも、政府と政党の双方にまたがる戦略が展開されることになった。

女性選挙権（一九二八年に実現）が大きな政治運動となった国でありながら、英国女性の政治参画は長らく個人の問題と見なされていた。女性議員比率は一八年[17]から九二年まで、五パーセントを超えたことがなかった。それが九二年の選挙で九パーセント、次いで九七年の選挙で一八パーセントへ増加する。この躍進のほとんどは、労働党〔九七〜二〇一〇年に与党〕が実施した戦略によるものであった。

女性議員を増やそうとする動きは、労働党の内部と周辺から始まった。同党は一九八九年の党大会で女性クオータの原理を採択し、九三年には党内機関の大半にクオータを設定した。女性名だけの候補者選考名簿《ショートリスト》という効果的な仕組みも導入したが、七五年の性差別法に反すると男性党員らに訴えられ、労働審判所から無効判断を下された（九六年のジェプスン事件）。九七年の下院選を目前に女性選考名簿を断念した労働党は、以降の選挙での法的問題の回避策として、選挙区二つごとに男女各一名の候補を立てる「ツイニング」方式に切り替えた。

両院の女性議員を減らさないよう、女性の立候補を奨励する措置が必要だ。そうした認識が

---

(17) 女性が制限つきの参政権を得た年〔訳注〕。

英国内のコンセンサスとなったのは、二〇〇一年の下院選が近づいた頃だった。この選挙で女性議員の数が実際に減ったことで政府への圧力は強まり、選挙候補者への性差別に関する法律（セックス・ディスクリミネーション・アクト）が〇二年二月に成立する。女性優遇のポジティブ・アクションを政党がとってもよい、と規定した法律である。強制ではない任意の〔時限〕措置だが、候補者選考方式に関わる法的疑義が同法によって払拭された。このポジティブ・アクションは〇八年の平等法案〔に基づいて可決された一〇年の平等法に定める時限延長〕により、三〇年まで適法化されている。一九年の下院選後の現国会の女性比率は三四・六パーセントである。

スペインの事例では、コモン・ロー法系のアングロサクソンおよび北欧諸国と、ラテン系諸国との対比の限界が示される。前者が第二次世界大戦前に女性の法的・政治的平等を承認したのに対し、ナポレオン民法典の影響が強い後者は、大戦後にようやく女性に選挙権を付与した。ところがスペインの場合、女性の選挙権獲得は一九三一年、両性平等原則が三一年憲法に規定され、民事婚や協議離婚に関する法律も制定されている。この民主制〔第二共和制〕から〔フランコ〕独裁体制への転換にともなう急激な政治的変化が、それから四〇余年後の七五～七六年〔民主化の時期〕に反動となって現われる。七八年憲法を準備した会議が諸政党の内外で重ねられた際、スペインのフェミニストたちは積極的に意見表明したのだった。民主化後の国家フェミニズムを体現するのが、八三年の女性研究所の設置である。スペインの平等政策は国家・州・市町村の各レベルで推進されていく。

一九八七年に最初に政党クオータ(二五パーセント)を導入したのは、左派の社会労働党(PSOE)と統一左翼である。九七年にはパリテ民主制のコンセプトも取り入れて、選挙候補者と党執行部の両性均衡原則(四〇〜六〇パーセントの範囲)を党規約に規定した。二〇〇二年六月には、バレアレス諸島州とカスティーリャ・ラ・マンチャ州が州議会選挙に関し、候補者名簿の交互登載を義務づける州法をそれぞれ制定した。六月二十一日の前者選挙法の立法趣旨説明には、「選挙公職への男女平等な参入を最大限に促す」ための諸国の措置として、「パリテ法」を制定したフランスの例も挙げられていた。両州法は〇三年五月の州議会選挙に適用される予定だったが、〔右派の〕国民党の訴えを受けた最高裁判所により無効とされた。PSOEを率いるホセ・ルイス・ロドリゲス・サパテロは、そうした法的障害にもめげず、〇四年三月の下院選に両性同数名簿で臨んだ。そして四月十八日に首相に就任した際、両性平等の公約を実行に移した。スウェーデンに続く欧州第二の両性均衡内閣を発足させたのである。政党クオータに関してはドイツと同様に、最初に上記のように左派政党が導入し、その後に右派政党が追随する過程をたどっている。〇四年の選挙により、下院の女性比率は二八・三パーセントから三六パーセントに上がった。

PSOE政権の象徴的改革の一つが二〇〇七年三月二十二日の組織法「実効的女男平等法」である。国民党の議員団が違憲訴訟を起こしたが、憲法裁判所は〇八年一月二十九日に合憲判断を示した。同法では平等原則が、ジェンダー主流化の方向へ横断的に適用されうる。労働法、行政、政治的代表、保健、学校教科書など、性差別のある状況すべてが対象に含まれるため、国家・州・地方のいずれの政策に対しても、同法を根拠として見直しを要求できる。「要職における女男均衡」の規定も特筆される。この規定は行政職と公選職に適用されるだけではない。従業員二五〇人超の企業の取締役会に関しても、八年以内の実施が義務づけられている。差別の撤廃は労使協定にも組みこまなければならない。最も先進的な企業は公共事業で優遇される。性暴力防止に関する〇四年十二月の組織法に続いて成立（右派は棄権）した「実効的平等法」には、このような内容が規定されたのであった。

選挙法（組織法第五／一九八五号）には、二〇〇七年法の両性均衡原則を受け、以下の規定が追加された（第四四条の二）。「下院、市町村議会、島嶼議会（＝バレアレス諸島議会）、カナリア諸島各島議会の選挙では本法に規定する条件により、また欧州議会、自治州議会の選挙においても、各々の性の候補者が最低四〇パーセントとなるよう、女男の均衡をとらなければならない」。この比率は予備候補も対象とされ、人口三〇〇〇人以下（二一年までは五〇〇〇人以下）の町村および人口五〇〇〇人以下の島は除外される。州レベルでは、バレアレス諸島、カスティーリャ・ラ・マンチャ、アンダルシア、バスクなどで、〇七年法の成立以前に五〇パーセント・クオータを義務づけていた。一九年の選挙後の現国会の女性比率は、下院四三パーセント、上院三九パーセントである。

本章で見てきたように、女性の政治的過小代表に対処するための諸国の戦略は三通りに大別される。フランスの場合には、世界初の五〇パーセント候補者クオータ＝「パリテ」が、立法の面でも効力や展望の点でも、フランス独特のアプローチであると標榜された。

本章で概観したパリテ主張の地政学に照らすなら、フランスの戦略を理想化してはならないだろう。この国の下院の女性比率は、「パリテ法」成立前の一九九七年の選挙では一〇・九パーセント、世界第四二位であった。二〇二二年現在は、三七・三パーセントと四倍近くになったとはいえ、第三七位でしかない。フランスは確かに進歩したが、それは他の国々より長足というほどではなかった。

第二部　パリテの原理から、その立法と実施へ

「パリテ法」は、意思決定権の均等な分有という国際規定・欧州規定のフランス版である。その何がフランス独特だというのだろうか。

第二部では、パリテ規定のフランスにおける法制化と選挙への適用が何を意味するかを理解すべく、法定クオータや政党クオータにかわってパリテが浮上した際の論争の分析から始める。第二章では、この分析を踏まえて「パリテ法」の評価[1]に取り組む。その際には、一九九九年の憲法改正に始まるフランスの特定・限定的な法律と、パリテの原理とのズレも考察する。

第三章では、パリテ主張がいかなる効力を、女性の政治的代表度の推移に対してだけでなく、性別秩序に対しても及ぼしうるかを検討する。ここで性別秩序というのは、公的領域・私的領域における各々の性の地位を定める規範的権威を意味する。パリテの語がもてはやされる背景を追究すると、ジェンダーに関する、また諸秩序（性別秩序、社会・政治秩序、いわゆる自然の秩序）を結び合わせる諸関係に関する、問いの立て方が更新されていることが見てとれる。

（1）女男パリテ監視委員会および後身機関の女男平等高等評議会によるデータを参照。https://www.haut-conseil-egalite.gouv.fr/parite/

第一章　原理をめぐる論争から「パリテ法」へ

法学者E・ヴォジェル＝ポルスキーによれば[1]、パリテの法制化は、法／権利上の平等と平等への権利との対立の克服につながるという。その意味は、パリテに向けられた賛否両論を追うことで明らかとなる。

この論争には、権力からの女性排除がさらに広い文脈のなかで問われるという長所もあった。民主制の意味・逆説・限界が争点となり、市民権とは何であるのかが問い直されたのである。この問いは、女性抜きで考え出された民主制[2]において、狭義の政治的市民権が自由権や社会的・経済的市民権と連動した政治構想へと差し向けられていく[3]。

(1) Éliane Vogel-Polsky, Genre et droit. Les enjeux de la parité, *Cahiers du GEDISST*, 1996, p. 9-28.

I　クオータからパリテへ

いったいどういうわけで、女性が選挙権を得たのが一九四四年と立ち遅れ、二〇〇〇年当時の女性議員比率が下院一〇パーセント、上院五パーセント程度しかなかった国が、その同じ年に世界に先駆けてパリテの原理に基づく法律を制定するにいたったのか。

この問いをくまなく検討することはできないまでも、法定クオータと政党クオータが挫折したフランスで、パリテの観念とその法制化が浮上した経緯の分析に取り組みたい。

1　法定クオータ

クオータ制の是非論は、一九七〇年代後半から八〇年代にさかのぼる。七五年のこと、前年にヴァレリー・ジスカール＝デスタン大統領から女性の地位担当閣外大臣に任命されたフランソワーズ・ジルーが『女性のための一〇〇の措置』プログラムを発表し、市町村選挙に関して、一方の性の候補者の比率を比例代表名簿の八五パーセント以下に抑えるよう勧奨した。七九年には人口二五〇〇人以上の市町村を対象に、一方の性の候補者を最大八〇パーセントに制限する法案が上程された。法案は下院で賛成二四三、反対一九五で可決されたが、上院では審議にいたらなかった。〔第一次ミッテラン政権期の〕八二年には、市町村選挙の投票方式を変更する法案が下院で審議され、女性クオータを導入する修正案がジゼル・アリミ議員〔フェミニストとして著名な弁護士〕らによって提出された。最終的には「一方の性の候補者は比例代表名簿の七五パーセントを超えてはならない」とするアラン・リシャール議員〔当時は社会党〕の修正案が、七月二十七日に賛成四七六、反対四、棄権三で可決されたものの、法案の合憲性に関する請求外審査に踏み込んだ憲法院により、十一月十八日に違憲とされた。憲法第三条および人権宣言第六条(4)に表明された原則

(2) Christine Fauré, *La démocratie sans les femmes. Essai sur le libéralisme en France*, Paris, PUF, 1985.
(3) Thanh-Huyen Ballmer-Cao, Véronique Mottier, Léa Sgier (éd.), *Genre et politique. Débats et perspectives*, Paris, Gallimard, 2000 ; Mariette Sineau, Droit et démocratie, dans Françoise Thébault (dir.), *Histoire des femmes en Occident*, t. V : *XXe siècle*, Paris, Plon, 2002, p. 631-665.
(4) 一九五八年憲法第三条には「国の主権は、それを代議士または国民投票を通じて行使する国民に属す。国民のいかなる部分も、またいかなる個人も、その行使を専有してはならない」、一七八九年の人権宣言第六条には「法は保護の際も処罰の際も、万人に同一でなければならない。すべての市民は

からすれば、「選挙人や被選挙人をカテゴリー分けすることは認められず」、その原則は「市町村議会はじめ、いかなる政治機関の選挙に関しても」貫徹されるという。ここで憲法院が示したのは、後日九八年六月十八日に憲法改正法案の趣旨説明に記されたように、「政治的代表に適用される諸々の規則と原則は男女の区別を禁じている」ことの確認であった。したがって、不可分にして普遍的な国の主権の原則と、選挙公職への女男平等な参入という目標とを両立させるには、憲法第三条および第四条(5)に補完規定を設ける必要があった。

2 政党クオータ

社会党（PS）は一九七四年という早い時期に、最低一〇パーセントの女性を執行部に入れることを決定した。この比率は七七年に一五パーセント、パリテ主張を掲げる「女性動議」、通称G動議が出された七九年のメス党大会で二〇パーセントに引き上げられた。党内議会にあたる全国評議会の二〇四名の構成は、ようやく二〇〇五年のル・マン党大会のときに両性同数になった。〔右派の〕国民運動連合（UMP）でも〇六年に党規約を変更し、「党活動および公選職における女男同数原則の遵守に留意する」と明定したが、その具体的実施は全国評議会の選出する三〇名の政治局員だけであった。フランス共産党（PCF）では、〇一年十月にラ・デファンス臨時党大会を開き、全レベルの党内選出機関の同数制を決議した。緑の党は八四年の結党当時から、党役員と選挙時の両性同数を党規約に定めている。八九年の欧州議会選挙の際、他党に先駆けて同数名簿で選挙に臨んだのも緑の党であった。九四年の欧州議会選挙では、社会党や共産党、〔主権主義左派の〕市民運動（ＭＤＣ）、労働者の戦い（ＬＯ）が後に続いた。

この一九九四年の欧州議会選挙を追い風として、ＭＤＣから二本、共産党から一本の関連法案が国会に提出された。一大転機となったのは九五年の大統領選である。第一回投票を半月後に控えた四月七日に〔私立〕女性理工科学校のコレット・クレデール校長の後援のもと、〔市民団体〕全仏女性評議会が国際会議場パレ・ド・コングレの一室に立候補者を呼び集め、満員の聴衆の前で各人の「女性プログラム」を説明させたのだ。当選したジャック・シラク候補は公約の通り、パリテ規定の制度化を具現する首相直属機関、女男パリテ監視委員会を九五年十月十八日の政令《デクレ》

法的に平等であるから、その能力に応じ、その徳性と才能以外の別なく、あらゆる顕職、地位、公職に就く資格を等しく有する」との規定がある。〔訳注〕。

（５）第四条には「政党・政治団体は、国の主権の原則と民主制の原則を遵守しなければならない」との規定がある〔訳注〕。

により設置した。九七年の下院選では社会党が二八パーセントの女性候補を立て、九八年の地域圏選挙では左派諸党連合、九九年の欧州議会選挙では共産党が名簿登載を両性同数とした。女性候補は確かに選挙戦の目玉となる。しかし政党クォータで変わるのは、権力分配の周縁部にすぎない。

フランスでは、クォータは非常に論争含みの観念である。パリテの決め手の一つは、クォータの対案と位置づけられた点にある。パリテ論争の分析を通じてそれを確認していこう。

II 展開された争点

政治学者イヴ・サントメールは[6]、「パリテ法」擁護論の多様性を強調し、差異主義フェミニスト、パリテ支持共和派、実際的平等主義者の三通りに区分する。本項では三つの主要争点として、共和的普遍主義、差異主義への危惧、コミュノタリスム（共同体主義）への懸念を分析することで、法学と哲学にまたがる賛否両派の議論がいかなる点で市民権の定義自体を問い、民主制の意味を問うているのかを示す。

1　普遍主義の二元化

第一の反対論によれば、公選議員職への立候補者の両性同数を定める法律は、「個別的属性（ジェンダー、価値観、階級、文化、宗教、等々）のない『抽象的個人』という代表民主制の基体(7)」を危うくする。前述の一九八二年の憲法院判決も、人権宣言第三条(8)や第六条にうたわれ、五八年憲法〔現行憲法〕第三条にも引き継がれた普遍主義原則に依拠して、市民の厳密な平等は個々あるいはカテゴリー上の特性を度外視した抽象的市民のあいだにしか成立しないと断じた。ここでは女性は一つのカテゴリー、クオータの原理は主権者たる国民の不可分性と相容れない積極的差別と見なされている。法学者でもあるロベール・バダンテール議員は、九九年一月二十六日に憲

（6）Yves Sintomer, *Délibérer, participer, représenter : vers une sociologie de la justification politique*, Paris, Economica, 2005.

（7）Eleni Varikas, Une représentation en tant que femme? Réflexions critiques sur la demande de la parité des sexes, *Nouvelles questions féministes*, mai 1995, p. 92.

（8）第三条は「いかなる主権の原則も本質的に国民に存する。いかなる集団もいかなる個人も、そこに明示的に発しない権威を行使することはできない」と規定する〔訳注〕。

法改正案が上院で審議された際、哲学的論点や政治的論点についても論じた発言のなかで、以下のように弁じた。「今回の改正における憲法上の論点は、われわれの憲法の核心部分、すなわち主権の問題であります。（……）主権は共和国と同じく不可分の全体をなしております。したがいまして、今朝おうかがいしましたように、主権が女性と男性という人類の半分ずつに体現されてしかるべきだなどと言われましても、かかる議論は私には受け容れられないと正直に申し上げるところです。そのように二つの部分に体現される主権ですとか、具体的普遍主義ですとかは、私には考えられません。普遍主義とは、ただただ普遍主義であります！」(9)

この共和的普遍主義に対し、法学者ジャン・ヴォジェルや歴史家ミシェル・ペローのようなパリテ支持共和派は、次のような批判を向けた。そのような主張は男性普遍主義の中核にある不平等を否認する偽善である。歴史家ミシェル・リオ＝サルセや哲学者エリザベト・バダンテールのように抽象的個人を語る反対派が、女性の過小代表に憤慨してみせるのは矛盾でしかない、と。

2　差異のジレンマ論

反対派の平等主義者の一部からは、両性間の差異という論法は、ただでさえ女性の排除・劣等視の正当化に用いられるおそれがあるのに、それを立法によってさらに強めかねないとの懸念が示された。たとえば一九九五年三月にパリで開かれた国際シンポジウム「女性・男性――アイデンティティ・平等・差異」の席で、法学者エヴリーヌ・ピジエは次のように発言した。「魅力的で、単純で、分かりやすい観念である（……）パリテには、スローガン的な力があります。『クオータ』のような抵抗感を与えません。（……）原則を公然と、両性の平等から両性『のあいだの』平等に転換してのけるのならば、『実質的に正しい』と示すだけでなく、理論的にも正しいことを示してしかるべきなのに、パリテは間違った危険な理念に止まっているのです。（……）性は『カテゴリー』ではなく『ジェンダー』であると言ったところで、そのジェンダーの二元性の根拠もやはり『自然主義的』差別化ではありませんか。そのような差異を「法制」に組みこめば、最悪の後退に向かう道を開くことになってしまうでしょう[10]」。

差異主義であるとの論難に動揺した賛成派は、さまざまな反論を展開した。社会学者F・ガスパール、歴史家アルレット・ファルジュ、欧州議会議員アラン・リピエッツ（緑の党）は、性差

(9) Robert Badinter, *Journal officiel des débats du Sénat*, Séance du 26 janvier 1999 au Sénat, p. 3.
(10) Évelyne Pisier, Égalité ou parité ?, dans EPHESIA, *La place des femmes. Les enjeux de l'identité et de l'égalité au regard des sciences sociales*, Paris, La Découverte, 1995, p. 514-515.

の社会的・歴史的構築性を強調する。彼ら彼女らの立論によれば、現実の平等をとりわけ政治権力分有の面で達成するには、社会的不平等への性差のスライドを明白にする段階が必要となる。哲学者G・フレスはパリテに関し、ツールとしての価値と哲学的論拠という概念上の難問とを区別する。彼女の立論によれば、理論的には間違っている——政治の根拠が生物学に置かれてはならない——としても、実践的にパリテは正しい。権力の場を介した平等の獲得を掲げることで、フェミニズムの見地からの批判の拡散に一役かったからだ。

一方では、女男の差異という普遍的差異に具現された各人固有の差異を考慮すること。ともに他方では、共和的普遍主義のいう国民の不可分一体性を守ること。この両立はどうすれば可能か。

パリテ論争につきまとう二律背反を理解する肝は、この問いのうちにある。賛成派の困難は、機会平等の名目で法/権利上の平等の適用を除外する法律を擁護しつつも、不平等の源たる差異の強化や自然視を回避する点にあるからだ。政治学者キャロル・ペイトマンのいう「ウルストンクラフトのジレンマ」である。「平等を求めれば父権的市民観、すなわち女性の男性化を求める市民観を受け容れることになる。逆に、女性固有の特性・能力・活動は、市民権への裨益として表出・認知されているはずだと力説するのは、言い分として無理がある。父権的市民観によって排除されているのは、まさにそのような差異だからだ[11]」。

3　コミュノタリスム民主制への懸念

「賛成派の提案は要するに、政治システムを変更して、米国から輸入したクオータ式コミュノタリスム民主制を押しつけることにほかならない[12]」も、よく言われる反対論の一つである。そこには二つの公準がある。第一に、差別の強化と是認につながるから、差別を法的に認知してはいけない。第二に、性差は特権すなわち「別格の差異」ではない。パリ大学名誉法経学部長ジョルジュ・ヴェデルが一九七九年の時点で表明していたのが、これと同様の見解である。候補者の性別によるパリテないしクオータの理念の具体化を容認すれば、出身国や宗教、性的指向に応じた他のさまざまなカテゴリーが同じ権利を主張する事態を招きかねないという。文筆家・教員の

(11) Chantal Mouffe, Féminisme, citoyenneté et démocratie plurielle, dans Thanh-Huyen Ballmer-Cao, Véronique Mottier, Léa Sgier (éd.), *Genre et politique. Débats et perspectives*, Paris, Gallimard, 2000, p. 179-180.
(12) Élisabeth Badinter, *Le Monde*, 12 juin 1996.

ダニエル・サルナーヴの論法も同様である。「良い法は、一般化できる法でなければならない。（……）そのような措置が講じられて新たな機縁が生まれるとなれば、『共同体《コミュノテ》』が形成されやすくなる。自分の権利の承認と行使を求める道筋として、そのほうが個人単体で闘争するよりも確実で手っとり早いからだ[13]」。

賛成派は、これとは異なる平等原則の解釈によって反対派の論法を反転させることで、パリテがいかに共和制の基本原則に問題なく統合されるかを論証した。第一に、女性集合は物理的カテゴリーでも文化的因子でも社会階層でも、離散量でも無作為区分でもないから、他のカテゴリーと同格ではない。二つの性は、世界が原初において普遍的に、二つの等価物へ分割された結果であり、疑問の余地なく恒久的である。したがって、女性性は男性性と同等の普遍的カテゴリーをなす。哲学者シルヴィアンヌ・アガサンスキーのいう「普遍的なる混成」である。パリテは個別特殊性を要求するものではないのだから、女性共同体が形成されるおそれはない。このように論ずる賛成派は、女性を優遇する積極的差別の平等原則違反という論法に対しても、同様の反転をもって応じた。現行の共和制では、男性を優遇する積極的差別が行なわれてきた。したがってパリテが成立すれば、法にうたわれた平等原則が実際上も実現されるだろう。政治学者ジャニーヌ・モシュ＝ラヴォは次のように言う。パリテは共和国の根幹を否定するどころか、再考を通じて十全な実現へと導く。パリテによって切り開かれるのは、両性の差別化の時代ではない。それは両性の無差別化の時代となる、と。

Ⅲ 「烙印のどんでん返し」でパリテをものにしたフランス

前項ではパリテの法制化に関わる理論上の争点をあつかった。本項ではフランスが、国際的にも欧州域内でも見られた擁護論に乗るだけにとどまらず、パリテをフランス独特の主張として掲げた経緯を簡単に見ておこう。

「烙印のどんでん返し」[14]は、二〇〇一年の市町村選挙の際、女性であることがハンディから政

---

(13) Danièle Sallenave, Le piège de la parité, dans Micheline Amar (textes réunis par), *Le piège de la parité. Arguments pour un débat*, Paris, Hachette, 1999, p. 24.

(14) Catherine Achin, Marion Paoletti, Le « salto » du stigmate. Genre et construction des listes aux municipales de 2001, *Politix*, n° 60, p. 33-54.

治的資源に転じた現象に用いられた表現だが、フランスによるパリテ規定の馴化もそう言えるかもしれない。排他性を否めない民主国家との汚名を長らく負わされながらも、パリテ立法の実現によって政治権力分有の模範となったからだ。

「パリテ法」の独特な性質の検討を始める前に、フランスの大学・市民団体・メディア・政界のアクターがパリテをものにした過程において、求心力として働いた象徴的な出来事を簡単に記述する。

1　市民団体やメディアにパリテが登場

パリテは一九七〇年代終盤から、フランスの市民運動でも政治運動でも主張されていた。国際会議が相次いで開かれ、八六年にドイツ緑の党が規約に導入するなどの各国動静を受け、八〇年代終盤にはフランスでも妥当視されるようになる。国際的にも欧州域内でも活動する推進派は、第一部で分析した「パリテ民主制」のＥＣ／ＥＵ法規範の国内広報にも努め、積極的に動こうとしない政党の穴を埋めるべく、市民団体ネットワークの構築や「メディア露出」の企画を実行していく。

火つけ役の一つが、モニク・ダンタル率いる「アルカンシエル（虹）」運動である。フェミニズムの実践・考察グループ「リュプテュール」の情報冊子（八七年）に掲載された文書のなかで、「組織構造における男／女のパリテに基づく社会運営方式を構想する必要性をフェミニストが提起する」と宣言した。最初のネットワーク「パリテに賛同する女性たち」は九三年序盤に、前年のEUアテネ会議を傍聴した「リュプテュール」の主導で結成されている。同年十一月十日付の『ル・モンド』紙で発表された「パリテ民主制を求める五七七人のマニフェスト」は、このネットワークから誕生した。多数の知識人（男性二八八人、女性二八九人）が連署して、「両性のパリテは権力分立や普通選挙と並ぶ民主制実現の条件である」と定める組織法の制定を求めた声明である。

アテネ会議を先導した専門家ネットワーク「政策決定の場の女性たち」のフランス代表F・ガスパールは、会議と同じ年にクロード・セルヴァン＝シュレベール、アンヌ・ル＝ガルとの共著『権力をとれ、女性市民よ——自由・平等・パリテ』を刊行した。パリテはそこでは社会の組織化の一般原則に数えられている。そして、この哲学的概念を機会平等ではなく結果平等の論理に沿って現実化し、政治的概念として実定法に組みこむための条文規定が、次のように具体的に提言された。「公選議会は地方レベルでも国政レベルでも同数の女性と男性から構成される」[15]。下院や県議会など小選挙区制の選挙では、選挙区の数を半分に減らし、男女一名ずつの「パリテ連名候補」への「ペア連記」投票方式を採用する。

2　パリテ運動の超党派性

フランスのパリテ推進運動の特殊性の一つが、一九九二年を境に左右の分断の和らぐ方向に進んだ点だ。諸々の性差は妥当なのか、女性と男性の補完性にあくまでこだわるのか、といったイデオロギー上の対立から切り離して、政治的平等それ自体を要求事項としたことも背景にある。左派に限定されていたスペインなどの運動において、パリテがそれ自体として重点化されたわけでなく、領域横断的な体系として考えられた両性平等の達成手段であったのとは対照的である。

一九九三年終盤に「パリテに賛同する女性たち」は分裂し、F・ガスパール、C・セルヴァン＝シュレベール、C・クレデールらは賛成団体の超党派的な交流を求めて、九四年序盤に新たなネットワーク「明日はパリテ」を立ち上げた。そこには女性カトリック普及行動（ACGF）、大学女性協会（AFDU）、欧州女性ロビー全仏連絡会（CLEF）、「彼女らもまた」、公民的・社会的女性連合（UFCS）など、多彩な団体が集まった。社会的な権利主張と政治的な権利主張を結び合わせるフェミニスト団体の伝統にパリテ推進運動が新たな力を吹きこんだことは、〇一年に結成されたフランス最古の女性フェミニスト団体、フランス女性全国評議会（CNFF）が加入した事実にも見てとれる。このネットワークは二〇〇万人規模に達し、九六年一月九日には「意思決定の場の女性たち」と銘打ったシンポジウムをユネスコで開催した。

中絶の権利を求める「三四三人の声明[16]」に署名した女性たちの起訴に備え、G・アリミとシモーヌ・ド＝ボーヴォワールが一九七一年七月に創設した市民団体「女性の大義を選ぶ〔通称ショワジール〕」もまた、パリテの主張を打ち出した。アリミが九四年に、前年六月にユネスコで開催されたシンポジウム「女性のための民主制――分有すべき権力」の記録集『女性――地上の半分、権力の半分』を著わしたことも特筆される。

一九九二年は、欧州議員（七九〜八一年）や女権大臣（八一〜八六年）を歴任した下院議員Y・ルディ（社会党）が「女の議会」を設立した年でもある。党の外で、党派を超えて、市民団体に

---

(15) Françoise Gaspard, Claude Servan-Schreiber, Anne Le Gall, *Au pouvoir, citoyennes ! Liberté, Égalité, Parité*, Paris, Le Seuil, 1992, p. 10.

(16) 一九七一年四月に週刊誌『ヌーヴェル・オプセルヴァトゥール』で発表され、著名人を含めた中絶経験者が連署した。フランスで中絶が合法化されたのは、それから四年後のことになる〔訳注〕。

も浸透を図りながら、パリテ運動を推進したいと考えたからだ。設立目的に掲げたのは、パリテを憲法に書き入れ、政治・社会・経済分野の諸機構に組みこむことである。九六年六月六日付の週刊誌『レクスプレス』で発表され、国政レベルで活動する賛成派女性の名を知らしめた「パリテに賛同する一〇名のマニフェスト」は、この団体を中心に起草された。署名者は左右両派の閣僚経験者、ミシェル・バルザク（八六～八八年にシラク内閣で厚生担当大臣）、フレデリク・ブルダン（下院議員、社会党、九一～九三年に入閣）、E・クレソン（欧州委員、社会党、元下院議員、九一年に初の女性首相）、エレーヌ・ジスロ（会計検査院検事総長、八六～八八年のシラク内閣時代に女性担当特任代表）、カトリーヌ・ラリュミエール（欧州議員、八九～九四年に欧州評議会事務局長）、ヴェロニク・ネーエルツ（下院議員、社会党、九一～九三年に女権担当閣外大臣）、モニク・ペルティエ（ジスカール＝デスタン政権で七八～八一年に女性の地位担当閣外大臣）、Y・ルディ、カトリーヌ・タスカ（社会党、広報担当大臣や文化大臣を歴任）、S・ヴェイユ（七四～七九年と九三～九五年に厚生大臣）である。

女性市民運動家はパリテ推進の気勢を上げ、政党はクオータ制に乗り出す（七六ページ「政党クオータ」の項を参照）。その交錯のなかでパリテは次第に、政治的争点であるだけでなく政治家の具として、代議制民主制に対する有権者の信認や選挙結果の向上という思惑が絡むようになった。テクニカルで分断の種にもなりやすいクオータに比べ、パリテは女男均等な共同管理を基本とした社会構想に連なる、と喧伝されたのである。

第二章　「パリテ法」とその実施

先に述べたように「パリテ」の語は、一九九九年七月八日の「女男平等」に関する憲法改正法（第九九―五六九号）、二〇〇〇年六月六日の「選挙公職女男平等参入促進」法（第二〇〇〇―四九三号）、および〇〇年七月四日の組織法[1]（第二〇〇〇―六一二号）といった「パリテ法」と通称される法律でも、「法律は公選議員職・選挙選出職および職業上・労使関係上の要職への女男平等な参入を促進する」との条文を憲法第一条に加えた〇八年七月二十三日の憲法改正法（第二〇〇八―七二四号）でも、立法趣旨説明でしか用いられていないが、パリテ原則の適用範囲・実施形態を明示・拡充した法律は十指にあまる。

本章では、それら諸法の内容を確認し、実施状況を明らかにする。

I　一九九九年と二〇〇八年の憲法改正

1　一九九九年――選挙公職への両性平等な参入を促進

一九八二年十一月十八日、選挙法典と市町村法典の改正に関する市町村選挙法の規定が、憲法院決定(2)（第八二―一四六号）により違憲と判断された。「（人口三五〇〇人以上の市町村の）候補者名簿では同じ性の候補者が七五パーセントを超えてはならない」との第四条の規定が、憲法第三条や人権宣言第六条に掲げられた共和的普遍主義の原則に反するとされたのである。社会党の提案したクオータ規定は、〔公布前の任意手続きにより〕合憲性判断を求められた複数の修正案に含まれておらず、請求外の審査という権限拡張に憲法院が乗り出したのは初めてのことであった。この判例によってクオータ立法が封じられた結果、まず先に憲法を改正する必要が生じた。

(1) 海外地域の地方議会選に関するパリテ法〔訳注〕。

(2) Cf. Blandine Kriegel, Parité et principe d'égalité, dans Conseil d'État, *Sur le principe d'égalité. Extrait du Rapport public de 1996*, Paris, La Documentation française, 1998, p. 134-135.

一九九九年六月二十八日、内務大臣ジャン＝ピエール・シュヴェヌマンが「まさに文化革命」(3)との肝煎りで提出した憲法改正案は、ヴェルサイユ両院合同会議において賛成七四一、反対四二で可決された。「法律は公選議員職・選挙選出職への女男平等な参入を促進する」との一項が第三条に、政党・政治団体は「法律の定める条件のもとに、第三条最終項にいう原則の実施に寄与する」との一項が第四条に追加された。他方、四六年憲法〔第四共和制憲法〕前文第三項には「法律はあらゆる領域で女性に男性と平等な権利を保障する」と記されている。七一年七月十六日の〔結社の自由に関する〕憲法院決定でも確認されたように、四六年憲法の前文はすべて「憲法規範《ブロック》」に含まれる。その文言と比べると、「促進する」という動詞は腰が引けた印象だが、主権の不可分性と有権者の自由を担保するためには「促進する」を選択すべきだと、上院法務委員会が主張したのだった。

一九九九年の憲法改正の重要性は、「パリテ法」公布の必要上の一点にとどまらない。権力の中立性が現実には男性限定であったことが認められ、共和的普遍主義の想定する抽象的個人が問われる事態だったのだ。「促進する」という動詞の選択には、政治家への強制ではなく奨励にとどめようとする意思がにじんでいる。そして憲法院もまた、これに沿って憲法改正の効果を制限する判例を重ねていく。

以下の分析は、憲法改正の効力を明示した判例のうち、地域圏選挙と欧州議会選挙に関する二〇〇三年四月三日の決定（第二〇〇三―四六八号）と、上院選挙を変更する法律に関する同年七月二十四日の決定（第二〇〇三―四七五号）の二つにしぼる。いずれも「パリテ法」による投票方式変更は合憲としつつも、法律の適用範囲を縮減したものである。

二つの決定の重要な意味は、憲法第三条に〔第五項として〕追加された上記の条項が、法学者ドミニク・シャニョローのいう「歯止め効果」[4]、すなわち後戻りを防ぐ保障にはならないと判示した点にある。

憲法院の解釈によれば、この条項は、選挙公職への女男平等な参入を促進する「奨励規定あるいは強制規定の立法府による採択」を可能にするが、促進するとは言いがたい措置を一切とらないよう強制するものではない。「新たな憲法規定と立憲権力が適用除外を意図しなかった他の憲

(3) Jean-Pierre Chevènement, *Compte rendu intégral*, Assemblée nationale, 2ᵉ séance du 25 janvier 2000, p. 337.
(4) Cf. Auditions des professeur(e)s de droit, dans Marie-Jo Zimmermann, *Élections à venir : faire vivre la parité* [par l'Observatoire de la parité], décembre 2003, p. 130-138.

法的規則・原則との両立を確保する裁量が、しかしながら（立法府には）ある」からだ。

四月の決定にいわく、「平等原則は、立法府が異なる事情を異なる方法で規制することも、一般利益を理由として平等の適用を除外することも妨げない。ただし、いずれの場合も、そこから帰結する処遇の差異には、かかる差異の根拠法の目的との直接の関連がなければならない」。

七月の決定も同様である。「候補者名簿の女男交互登載が義務づけられる議席数を」減らす方向の今般の方式変更[5]は憲法第三条に反するとして審査請求した国会議員団に、憲法院は次の判断を示した。「問題の規定は、憲法第三条のうたう公選議員職・選挙選出職への女男平等な参入の目的を損ねるものではない。（……）また、憲法第三四条[6]に認められた議会選挙制度決定の権限を立法府から奪うことは、憲法第三条第五項の規定の目的ではなく、効果でもありえない」。

一九九九年の憲法改正は以上の通り、選挙公職への女男平等な参入を促進はしても、保障はしていないのである。

2　二〇〇八年――官民要職へ拡大

二〇〇六年三月十六日、憲法院は企業の取締役会と監査役会、すなわち政治部門以外でのクオータ制を違憲と判断した（第二〇〇六―五三三号）。一九九九年の憲法改正のパリテ原則は、あらゆる選挙に関して保障されたわけではなく、政治選挙にしか適用されないということだ。憲法院が無効としたのは、〇六年二月二十三日に可決された女男賃金平等法[7]のうち、下院のマリ＝ジョ・ジメルマン議員（UMP所属）の提出した一連の修正案で導入された第三編「議決機関・審判機関への女性参入」のクオータ規定である。規定の対象は株式会社と公営企業の取締役会（目標値は五年以内に二〇パーセント）、労使協議会、従業員代表、行政同数委員会（目標値は五年以内に当該職種の女性比率相当）の選出であった。憲法院は法的平等を根拠として違憲判断を示し、性別の考慮を個人の能力の考慮に優越させてはならないと判示した。過去にも法的平等原則は、八二年法のクオータ規定をはじめとする積極的差別の阻止に援用されてきた。しかし〇六年の決定では、この原則の源流に初めてさかのぼり、人権宣言第六条のみならず、人権宣言第一条、四六年憲法前文第三項、五八年憲法第一条[8]も根拠とした点が特筆される。

（5）一〇一ページ訳注（10）を参照〔訳注〕。
（6）国会の立法事項が列挙されている〔訳注〕。
（7）憲法院審査の後、二〇〇六年三月二十三日の法律第二〇〇六―三四〇号として公布〔訳注〕。
（8）人権宣言第一条および一九五八年憲法第一条には、法的平等の一般原則がうたわれている〔訳注〕。

下院議員女権代表団長とパリテ監視委員会総括報告者を務めていたジメルマンは、この憲法院の違憲判断を踏まえて、官民要職における両性平等に関する憲法改正法案を提出した。労働審判所・労使協議機関の選挙、株式会社の取締役会、公務員の採用・査定機関その他、あらゆる部門の決定機関における女男均衡を促進する立法の地ならしのためだ。条文は一条のみである。「憲法第三四条第一一項の後に、以下の一項を挿入する。『法律は職務上・労使関係上の要職への女男平等な参入を促進する』」。

ジメルマンの提案した条文は、一九九九年に第三条に加えられた規定と一体化されて、第五共和制〔現行政体〕の機構改革に関する憲法改正が二〇〇八年七月二十一日に成立した際に憲法第一条に追加された。「法律は公選議員職・選挙選出職および職務上・労使関係上の要職への女男平等な参入を促進する」。

新たな改正により一九九九年の改正が補完され、クオータ制が政治的要職のみならず官民要職へも拡大することになった。

Ⅱ　義務規定も対象も拡大

本項では、以上の憲法改正に基づいて法制化された選挙方式を検討する。〇六年六月六日以降、十数本にのぼる関連立法が、公職選挙ならびに官民要職に関する各種の規則を設定した。九九年の憲法改正を主導したリヨネル・ジョスパン首相（九七～〇二年）のあいだは、公約通り選挙方式自体の変更なしに改革が進められ、県選挙などの変更はそれ以降になされている。

これらの「パリテ法」は、当選者中ではなく候補者中の性別比を対象とし、義務規定と奨励規定の二種類に分かれる。比例代表制の市町村議会・地域圏議会・欧州議会の選挙、上院の比例制選挙区、および県議会のペア方式選挙では義務規定である。ただし小規模町村（当初は人口三五〇〇人未満、現在は一〇〇〇人未満）は除外される。下院選挙では奨励規定であり、候補者を両性同数で立てなかった政党・政治団体には交付金の減額ペナルティが課される。

1　比例代表制とペア方式――両性交互

比例代表制の場合、両性候補者の差が一を超えてはならない。「当選圏内」での均衡配分を保障するために、総数だけでなく名簿順位に関しても厳格な拘束がかけられている。交互登載でない名簿は県長官庁[9]に受理されないことが、二〇〇七年一月三十一日の法律〔第二〇〇七—一二八号〕に規定されている。

名簿順位の規則は、二〇〇〇年の時点では一回投票制か二回投票制かで異なっていた。一回投票制をとる欧州議会選挙、および上院の比例制選挙区では、厳密な両性交互式でなければならない。上院の比例制選挙区[10]は、〇〇年七月十日の法律〔第二〇〇〇—六四一号〕で定数全体の七〇パーセントに設定されたが、〇三年七月三十日の法律〔第二〇〇三—六九六号〕では五二パーセントに減らされた。二回投票制をとる（人口三五〇〇人以上の）市町村選挙と地域圏選挙に関しては、決戦投票に向けた調整の便宜のためだろうが、候補者六名ごとに両性同数との緩やかな規定が置かれた。

二回投票制の選挙でも、地域圏選挙では二〇〇三年四月十一日の法律〔第二〇〇三—三二七号〕、市町村選挙では〇七年一月三十一日の法律〔第二〇〇七—一二八号〕により、名簿登載が厳密な交互式に変更されている。〇七年法では、市町村と地域圏の行政首脳部における両性同数も義務づけられた。女性の進出を促す措置として、水平的・垂直的な要職分掌の見直しに向けた必要条件ではあるが、十分条件ではない。

市町村選挙に関しては、二〇一三年五月十七日の法律〔第二〇一三―四〇三号〕により次のように変更された。交互名簿による比例代表制を〔〇〇年六月法で規定した〕人口三五〇〇人以上から一〇〇〇人以上の市町村に拡大する。候補者名による投票も、複数政党にまたがっての連記投票も認められない。また広域行政連合体〔以下、原則的に「広域体」〕議会選挙を市町村選挙と同日に、交互名簿による比例代表制で実施する。

県選挙に関しては、上記二〇〇七年法により正候補と予備候補のペア方式が導入され、さらに上記一三年法で次のように変更された。議会の名称を「コンセイユ・ジェネラル」から「コンセイユ・デパルトマンタル」に改める。小選挙区《カントン》を半数に減らし、ペア候補への連記投票とする。三年ごとの半数改選から、六年ごとの総選挙に変更する。パリテ規定を県行政首脳部にも適用する。

(9) 県長官（県知事）は国家行政の代理人である〔訳注〕。
(10) 上院の選挙方式は、各選挙区（＝各県）の定数に応じて定められる。定数が基準値以上なら比例制、未満なら中選挙区制である。前述の憲法院審査の対象とされた二〇〇三年法で比例制選挙区の割合が減ったのは、基準定数が三から四へと引き上げられたことによる。〔訳注〕。

なお、交互名簿を義務づけられる上院の比例制選挙区は、二〇一三年八月二日の法律〔第二〇一三―七〇二号〕により基準定数が三に引き下げられ、定数全体の七三パーセントに回復している。

2 下院選挙――交付金ペナルティの強化

小選挙区制の選挙に関しては、二〇〇〇年六月法で奨励規定が導入されたにとどまり、対象も下院選挙に限定されている。

両性五〇パーセント（±最大二パーセント）ずつの候補者を立てなかった政党・政治団体は、交付金を減額される。交付金に関する規定は、一九八八年三月十一日の政治資金透明化法〔第八八―二二七号〕の第八条と第九条に置かれている。総額は毎年の予算法に盛りこまれ、詳細は政令で定められる。二〇二一年の総額は六六一三万五四八六・一五ユーロである。交付金は二本立てで、第一の交付金は、下院選第一回投票の得票数に応じて配分される（一票あたり約一・六四ユーロ）。ただし条件があり、本土の選挙区五〇以上に計五〇名以上または海外領土（海外県・地方公共団体およびニューカレドニア）限定で候補者を立て、かつ得票率が一パーセント以上なければならない。第二交付金は、両院事務局に十一月中に届け出のあった所属議員数[11]に応じて、第一交付[12]

金の条件を満たす政党・政治団体に配分される。〇〇年六月法による減額ペナルティは、第一交付金のみに適用される。性別比の差分を基準とする減額率は、当初五〇パーセント、〇七年法により七五パーセントに引き上げられ（一二年の選挙から適用）、一四年八月四日のヴァロ＝ベルカセム法〔第二〇一四―八七三号〕により一五〇パーセントに倍増した。一七年の下院選で女性候補が三九・六パーセントだった〔UMP改め〕共和党（LR）を例にとると、〔次回選挙の〕二二年まで第一交付金の三二・七パーセント、年額一八〇万ユーロを失った。

下院以外の小選挙区制選挙は、二〇〇〇年六月法に特段の規定がなく、政党交付金額の算定時に考慮されない。

人口一〇〇〇人未満の町村、および上院の定数三未満の選挙区に関しては、いまだに立法措置がない。

（11）通常国会の開始が十月である〔訳注〕。
（12）政治資金配分上の所属（rattachement）が党籍と一致しないケースを含む〔訳注〕。

3　官民要職への適用

パリテ原則の適用範囲を政治部門以外へも拡大した二〇〇八年の憲法改正以後、官民要職への女性参入を促進する法律が相次いで公布された。

まず二〇一一年一月二十七日のコペ＝ジメルマン法（第二〇一一－一〇三号）により、取締役会・監査役会に関して、一四年中に二〇パーセント、一七年以降は四〇パーセントのクオータが導入された。当初の対象は上場企業および、従業員五〇〇人以上かつ売上高または決算金額五〇〇〇万ユーロ以上の企業であり、従業員数の下限は一四年法により二五〇人に引き下げられた。

公共部門にクオータを導入したのが、二〇一二年三月十二日のソヴァデ法（第二〇一二－三四七号）である。行政機関の幹部職、公施設法人の取締役会・監査役会または同等機関、採用・査定機関、労使協議機関が対象とされ、一七年には四〇パーセントにする（行政機関の幹部職では一三年に二〇パーセントから段階的に引き上げる）ことが規定された。

高等教育・研究機関に関する規定は、二〇一三年七月二十二日のフィオラゾ法（第二〇一三－六六〇号）である。ガバナンス機関（取締役会、高等教育・研究全国評議会、研究大綱評議会）構成員の候補者名簿や任命を両性交互式にすることが定められた。

前述のヴァロ＝ベルカセム法は、「現実の女男平等のための法律」を正式名称とし、「憲法に定めるパリテ目標の実施を目的とする」措置に一編を割いている。所定の公施設法人、スポーツ連盟、職業団体、諮問機関、商工会議所、文化協力公施設法人を対象に女男均衡実現の段階的拡張と加速化を規定したものである。

Ⅲ　当然すぎる成否の対照

選挙公職における女性比率を「パリテ法」以前と以後で比較すると、「両性同数登用を政党に義務づける強制的規則は適正[13]」であることが論証される。強制力のある規定は有効に働いた。人口一〇〇〇人以上の市町村、地域圏、県、欧州議会の選挙、および上院の比例制選挙区の場合である。

逆に奨励規定にとどまるか、規定のない場合の効果は、あったかどうかという程度にすぎな

(13) Mariette Sineau, *Profession femme politique. Sexe et pouvoir sous la Cinquième République*, Paris, Presses de Sciences Po, 2001, p. 269.

い。下院選挙に関して、交付金の減額ペナルティが二〇一四年法で倍に増やされたのも、効果の向上を意図してのことであった。他方、法規定のない選挙への波及効果は、小規模町村の選挙にしか見られなかった。

このように対照的な成否は当然ながら、主に実施形態の違いによる。以下に挙げる比較表から、「パリテ法」が比例制選挙には効果があった一方で、権力の水平的・垂直的な性別分掌の見直しは進展しなかったことがよく分かる。そこに立ちはだかっているのは、「支配」機関と「被支配」機関を軸とした政治領域の構造化である。『性別・ジェンダー・政治』で示された分析を引いておく。いまだに大半が男性の職業政治家エリートに占められた都市（人口三万人超）の市長や国会議員と比較して、「市町村議会、地域圏議会、欧州議会は権限が小さいし、歴史の浅いものもある。これらのほうが競争への、新参者への、したがって女性への開放度が高い」[14]。

1　地方議会と欧州議会ではほぼ拮抗

立法の主要な成果は、市町村・県・地域圏の議会・行政首脳部の女性比率が男性とほぼ等しくなったことである。

比例制選挙の場合には、「パリテ法」施行後に女性の数が男性とほぼ等しくなった。人口一〇〇〇人以上の市町村の議会では一九九五年の選挙で二五・七パーセント、二〇二〇年の選挙で四八・二パーセント。地域圏議会では、九八年の選挙で二七・五パーセント、二一年の選挙で四八・六パーセント。ペア方式が導入された県議会でも、〇一年の選挙で九・二パーセント、二一年の選挙で五〇パーセント。対象外の小規模町村議会（当初は人口三五〇〇人未満、現在は一〇〇〇人未満）でも波及効果が見られ、九五年の選挙で二一パーセント、二〇年の選挙で三七・六パーセント。全市町村議会の女性比率は、九五年の選挙で二一・七パーセント、二〇年の選挙で四二・四パーセントである。

すでに一九九四年の時点で、市町村・地域圏選挙に先駆けて、パリテの先陣を切っていたのが欧州議会である。この年の選挙で二九・九パーセント、九九年の選挙では四〇・二パーセントに達し、フィンランドとスウェーデンに次ぐ第三位に着けた。国政選挙に比べて長らく軽く見られていた欧州議会選挙だが、近年では意義が見直されるようになった。そうした状況で実施されたのが、二〇一九年の選挙である。〇三年〔の法律により〇四年の選挙〕以降は地域圏をまたいで八つに分けられていた選挙区が、再び全国区に一本化されて争われた。この改正が「パリテ法」の実

---

(14) Catherine Achin et alii, *Sexe, genre et politique*, Paris, Economica, 2007, p. 128.

表1 「パリテ諸法」以前と以後の地方・国政レベルの議会・行政首脳[(1)]の男性比率[(2)]

法的強制なし	1999年以前、「パリテ諸法」以前	直近の選挙／任命後	直近の選挙／任命の年
内閣（首相を除く）	66.0%	50.0%	2022年
地域圏議長	88.5%	70.0%	2021年
県議長	99.0%	80.0%	2021年
広域行政連合体議長	94.8%	88.6%	2020年
市町村長（全体）	92.5%	80.2%	2020年
人口3500人未満（1995年選挙時）、次いで1000人未満（2014年選挙時）の市町村の議会	79.0%	62.4%	2020年
部分的強制、または奨励			
上院	94.7%	64.9%	2020年
下院	89.1%	62.7%	2022年
厳格な強制			
欧州議会	59.8%	50.0%	2019年
地域圏議会	72.5%	51.4%	2021年
県議会	90.8%	50.0%	2021年
人口3500人以上（1995年選挙時）、次いで1000人以上（2014年選挙時）の市町村の助役	78.2%	50.1%	2020年
人口3500人以上（1995年選挙時）、次いで1000人以上（2014年選挙時）の市町村の議会	78.3%	51.8%	2020年

出典：内務省－女男平等高等評議会、2021年12月[(3)]

（1）地方レベルでは、議員の互選により選出される筆頭二名が、地方行政を率いる。市町村に関しては慣行に従い「市町村長」「助役」と訳す〔訳注〕。

（2）男性の過大代表を強調する原データをそのまま示すのが著者の意図である〔訳注〕。

（3）https://www.haut-conseil-egalite.gouv.fr/IMG/pdf/parite-depliant_sept-2018-135x210-v1.pdf を著者がアップデートした。

施と相まって、男性議員と同じ数の女性議員を誕生させたのだった。

2　水平的・垂直的な性別分掌の存続

「パリテ法」には限界もある。各種の評価報告書[15]からも強く示唆されるように、政務の水平的・垂直的な性別分掌、すなわち表裏一体の担当分野と役職の配分が見直されているわけではない。性別の権力分有を温存しようとする政界の傾向に、全面的な見直しがかかってはいない。「法に定めるパリテ規定の強制力は、権力の階梯を昇るにつれて弱まり、ひいては絶無となる[16]」。下院選挙の候補者パリテが比例制選挙のような義務ではなく、両性比率の差分に応じた交付金ペナルティを介した奨励にすぎないのも、要はそういうことなのだ。

「パリテ法」後に初めて実施された二〇〇二年の下院選で、女性議員は六三名から八名増の

---

(15) 女男パリテ監視委員会および後身機関の女男平等高等評議会の報告書、ならびに経済社会評議会の報告書 *La place des femmes dans les lieux de décision : promouvoir la mixité*, Paris, Éditions des journaux officiels, 2007 等を参照。

(16) Catherine Achin et alii, *Sexe, genre et politique*, Paris, Economica, 2007, p. 128.

七一名となった。一九九七年の一〇・九パーセントが一二・三パーセントに増えただけだ。二大政党の女性比率は候補者中でも当選者中でも低かった。UMPが候補者中二〇パーセント、当選者中一〇・一パーセント、社会党が候補者中三六・一パーセント、当選者中一七・八パーセント。パリテ監視委員会が評価報告書で示した分析の通りだ。争われる権力が大きくなれば、効果を上げるのは強制措置だけである。

二〇〇七年六月の選挙後も、女性比率は欧州最低レベルの一八・五パーセント。EU二七か国[17]中で第一八位、世界ではルワンダやウガンダ、チュニジアやパキスタンの後塵を拝する第五九位である。一七年の選挙では、一四年法による交付金ペナルティ倍増のおかげもあってか、三八・八パーセントに上昇した。二二年六月二十八日の下院選後には、ヤエル・ブロン＝ピヴェが女性として初めて議長に選出されている。

県議会では、二〇一三年五月法でペア方式が導入された結果、女性と男性が同数になった。しかし議長の八〇パーセントは依然として男性が占めている。

市町村・県・地域圏・広域体の選出職への女性の参入状況を見ると、権力の男性性が性別序列の再編を通じて存続していることがよく分かる。市町村長一九・八パーセント、第一助役三三・三パーセント、広域体議長一一・四パーセント、これが二〇二〇年三月の市町村・広域体選挙後の女性比率である。政務の性別配分、とりわけ担当分野に関しては、全仏市町村長会が議員に行なった調査がある。それによると、議会内の委員長の女性比率は、交通や公共事業、治安関係では一桁にとどまり、都市計画関係では四分の一に満たない。逆に、福祉問題や子ども、家族担当の助役では、ほぼ八〇パーセントを女性が占める。

広域体では、女性は議員の三五パーセント、副議長の二〇パーセントという比率である。

このような性別／ジェンダーによる政界分掌の存続に対し、パリテ監視委員会および後身機関〔二〇一三年以降〕の女男平等高等評議会（HCE）は、地方における選出職の筆頭二名（市町村の長と第一助役、地域圏・県の議長と第一副議長）が一方の性に偏らないようにする強制措置の検討を勧告した。二〇二〇年の市町村・広域体選挙の際には以下の公式声明を新議会に向け、立候補届出期日の二週間ほど前に発している。「単なる同数にとどまらず、実効的な権力分有に踏み出していただきたい。地方公共団体の内側で、行政客体〔住民〕のほうを向きながら、女男平等に断固として取り組んでいただきたい」。そのためには、法に規定がなくとも次の目標の共有をお願いし

(17) 当時は英国を含み、クロアチアを含まない〔訳注〕。

たい。第一に、〔パリテが義務づけられていない〕人口一〇〇〇人未満の町村の議決機関と行政首脳部におけるパリテ、第二に、〔パリテが義務づけられた〕地方公共団体のトップレベルのパリテ、第三に、性別ステレオタイプなき政務分担、の三つである。さらに、幹部陣におけるパリテ目標のある人口二万人超の地方公共団体および広域体には、一四年法により、現状報告書を予算審議前に提出する義務がある点にも留意してほしい。パリテは単に決定機関の代表を半々にすればよいというものではない。「女性が要職をまっとうするのを妨げている構造的障害が全面的に問われなければならない。労働条件しかり、職掌しかり、性差別的ステレオタイプしかりである」。

3 官民要職の現状確認

取締役会・監査役会に関わる前述のコペ＝ジメルマン法が施行一〇年を迎えた二〇二一年、HCEは総括報告書(18)を作成し、経営機関・労使協議機関におけるパリテの課題と展望を示した。可もなく不可もなし、というのが総合評価である。対象企業では女性取締役が大幅に増え、なかでもCAC四〇構成銘柄〔最大手企業〕では、〇九年の一〇パーセントが四四・六パーセントへ増加した。しかし対象外のユーロ〔ネクスト〕グロウス企業〔新興企業〕では、一七年の時点で一七パーセントという非常に低い水準にとどまる。SBF一二〇構成銘柄に入っていない上場企業

〔準大手企業〕では、入手できた情報から推計すると一八年に三四・一パーセントだという。「パリテは権力の入り口で終わる」とも記されている。女性がトップに立つのはCSR〔企業の社会的責任〕委員会では過半だが、戦略委員会では二二パーセントでしかない。取締役会でもトップは大半が男性である。二〇年のある調査によれば、執行委員会や経営委員会の女性比率は、SBF一二〇企業では七・三パーセントから二一パーセントに増えたにすぎない。企業の重職にある女性がマージナルと言えるほど少数派であることは、上場企業を率いる女性（SBF一二〇企業のCEO、取締役会会長、代表取締役、CAC四〇企業の取締役会会長、代表取締役）の数にも表われている。

このHCE報告書は、「ガバナンス機関・決定機関にパリテを定着させる」四つの基本方針を提示した。経営委員会と執行委員会にも対象を拡大。商事裁判所書記課による追跡調査と経済省企業総局による年次追跡調査を行なってコントロールを強化。総合的な職業平等ポリシーの一環への位置づけ。平等《エガ》コンディショナリティの仕組みを導入（パリテと平等に関する法令義務の遵

(18) HCEfh, Rapport « 10 ans de la loi Copé - Zimmermann 2011-2021. Accès des femmes aux responsabilités. De la parité à l'égalité professionnelle », 26 janvier 2021.

守が公金受給や許認可の条件)。〔二〇二二年に「再生」に改称した現与党〕共和国前進(LREM)所属の下院議員女権代表団長マリ=ピエール・リクサンが提出し、二一年十二月十三日に可決された「経済的・職業的平等加速法案」[19]には、平等コンディショナリティを含む報告書の提言が反映された。

公共部門に関しても、HCEが二〇二一年二月に報告書[20]を出している。一二年のソヴァデ法で定められた目標は、一六年までの分は達成されたが、一七年の四〇パーセント目標を達成したのは病院だけだった(新規着任の四九パーセントが女性)。地方行政では三四パーセント、国家行政では三六パーセント止まりで、合わせて二一の雇用主が総計四五〇万ユーロの課徴金納付を迫られた。現行法上の措置によって現実の前進が見られたが、法令義務の範囲を拡大するとともに、諸々の措置のあいだの整合をとる必要がある、と報告書は指摘した。

4 教訓と展望

以上がフランスの現状である。この国において、それでもなお、均等な権力分有という意味でのパリテが、義務規定によらずとも自ずと実現されうるなどと言えるだろうか。

対照的な成否から導かれる二つの結論は、「パリテ法」の最初期の実施から間もない時期に政治学者J・モシュ＝ラヴォや人類学者フランソワーズ・エリティエが喝破していた通りである。第一に、強制措置のないところでは女性の進出がまったく、あるいはほとんど見られない以上、強制措置をとるしかない。第二に、「女性の進出は、真の権力が始まるところで終わる」[21]。「パリテ法」後の選挙結果を比較しても、候補者選定に対する波及効果はパリテ規定の適用されない選挙には見られない。例外は小規模町村（当初は人口三五〇〇人未満、次いで一〇〇〇人未満）の議会だけであった。

二〇一九年十二月二十七日の地域社会参加・近隣行政法〔第二〇一九—一四六一号〕には次の規定が置かれている（第二八条）。二一年末日までに「市町村・広域行政連合体議会選挙法典の規定は、市町村およびその連合体の選挙選出職への女男平等な参入を拡大するために改正する」。「か

(19) 上院でも可決され成立。二〇二一年十二月二十四日の法律第二一—一七七四号〔訳注〕。

(20) HCEfh, Rapport « Parité dans le secteur public : des avancées réelles mais lentes, un levier de transformation publique à saisir », 23 février 2021.

(21) Françoise Héritier, *Masculin/féminin II. Dissoudre la hiérarchie*, Paris, Odile Jacob, 2002, p. 271.〔フランソワーズ・エリチエ著、井上たか子、石田久仁子訳、『男性的なもの／女性的なものII——序列を解体する』明石書店、二〇一六年、二七一ページ〕

かる平等な参入を確保する選挙方式の決定にあたり、議会主導の評価を事前に実施する」。下院法務委員会は二〇年十二月、市町村およびその連合体の選出職と幹部職のパリテに関する集中《フラッシュ》調査団を設置した。〔中道派の〕民主運動（ＭｏＤｅｍ）所属のエロディ・ジャキエ＝ラフォルジュ議員と共和党所属のラファエル・シェレンベルジェ議員が共同報告者として、さまざまな機関や選挙公職者団体の関係者、および研究者から三〇回にわたる聞き取りを行ない、二一年十月に調査結果を報告した。(22) 提案は二点である。市町村に関しては、比例代表制を人口一〇〇〇人未満の町村選挙に拡大すること。広域体に関しては、副議長団の性別構成に議決機関の性別構成を「反映」させること。問題も二点である。第一に、現行法の対象とされた市町村の一〇パーセント、広域体の一二パーセントに、現状報告書の提出義務が知られていない。第二に、広域体議員に欠員が出た場合は同じ性別の次点候補を繰り上げる規則が理解されていない。この報告に沿って、比例代表制を人口一〇〇〇人未満の町村全体へも拡大し、また広域体副議長団の性別構成を議決機関の性別構成に一致させるという法案が、二一年十月十九日にジャキエ＝ラフォルジュ議員から提出された。(23)

政治家階層の拡大と刷新に向け、現行法上の義務規定に加え、議員身分の確立や公職兼任の制限といった援護措置もＨＣＥから提言されており、現在も議論が続いている。

そうした規定と議論はより広く、すなわち女性と男性に社会の他の領域、とりわけ職業上あるいは家庭内で与えられた地位や役割の検討、という文脈に置かなければならない。政務が水平的・垂直的に分掌され、女性が要職からほぼ排除されている原因は、重層的・構造的な障害にあるとの理解を深めなければいけない。政党の壁が女性にとって分厚い現状に、「市民社会」の規範が映し出されている以上は。

一九九六年十二月に、パリテ監視委員会の第一報告書を首相に提出し、議員身分の確立その他を勧告したロズリーヌ・バシュロ〔同委員長〕とＧ・アリミも、そのような認識に立っていた。「かかる身分があれば、女性が伝統的な義務（家事、子どもの世話）をパートナーと分担できない場合にも、両立が可能になるだろう[24]」。委員会は以降の報告書でも、議員身分の主張を繰り返

(22) Communication d'Élodie Jacquier-Laforge et Raphaël Schellenberger, Mission « flash » sur la parité dans les fonctions électives et exécutives du bloc communal, Assemblée nationale, 6 octobre 2021.

(23) 二点目を削除した法案が二〇二二年二月に下院で可決され、上院に送られた〔訳注〕。

した。二〇〇五年三月の報告書では、職業活動と議員活動との往来に関わる規定が〇二年二月二十七日の近隣民主制法（第二〇〇二―二七六号）第二編に設けられたことを評価しつつ、「真の議員身分規定を早急に策定する必要[25]」を改めて指摘した。

公職兼任が禁止される組み合わせは、二〇一四年二月十四日の法律〔第二〇一四―一二五号および一二六号〕の適用により、一七年以後は上院議員と下院議員、国会議員と欧州議員、国会／欧州議員と複数の地方公選職（地域圏・県・市町村議会議員）、三つ以上の地方公選職、複数の地方行政首脳、国会／欧州議員と地方行政首脳（地域圏・県・広域体議長・副議長、市長・助役）にわたっている。地方レベルでの公選職と行政首脳との兼職は可能である。

---

(24) Gisèle Halimi, Lionel Jospin, *La parité dans la vie politique*, Rapport de l'Observatoire de la parité, Paris, La Documentation française, 1999, p. 34.

(25) Marie-Jo Zimmermann, *Effets directs et indirects de la loi du 6 juin 2000 : un bilan contrasté : rapport au Premier ministre* [par l'Observatoire de la parité], mars 2005, p. 34.

第三章　パリテ、性別秩序、複数のフェミニズム

パリテの立法と実施をめぐってフランスで展開された論争の焦点は、政治ゲームのアクターとルールだけでなく、政治／政党秩序、社会秩序、性別／ジェンダー秩序の結びつきへと広がっている。権力への女性の接近は、あらゆる領域――公共の、政治の、職業の領域、あるいは私的な領域――における両性不平等それ自体の疑問視につながっていく。それが「パリテ」の一語によって焦点化されたのだった。

I　市民権をめぐる問題系の更新——平等ななかでの差異を思案する

本項では、この論争のおかげで問題化した「フランス式民主制[1]」の割りきれなさについて簡単に論じる。民主制からの女性排除の意味は、そもそも市民権が「平等人」階級だけの権利とされたところに生じている。

パリテ論争では、慢性的な女性の政治的過小代表の糾弾を通じて、政治的慣行だけでなく政治理論[2]や社会的慣行においてもジェンダーが不可視化されてきた事態があぶり出された。F・ガスパール、C・セルヴァン＝シュレベール、A・ル＝ガルは前述の共同声明『権力をとれ、女性市民よ』で、これを次のように言い表わした。パリテは贅沢品でもなければアイデアグッズでもなく、民主制にかける期待を更新しようとする構想である。女性は理性の側に、中立的で抽象的な普遍主義の側に立つことはできないと言われて、権力から排除されてきた。政治的なるものからの女性の排除こそが、事態の結び目をなしているのだ、と。

1　参画可能から分有可能へ

「男性と同じ条件のもとに選挙人であり、被選挙人である」と一九四四年四月二十一日の国土解放後行政組織化令（第一七条）に規定されるまで、フランス女性は一七九五年五月二十三日の政令《デクレ》によって政治から排除されていた。一八四八年のいわゆる普通選挙は、一世紀にわたって一方の性だけのものだった。この人権国家は、政界からの女性排除が法／権利上の平等の宣言に矛盾するとは見ていなかった。

女性の政治的過小代表への対策として、一九八〇年代終盤から現在までパリテその他のさまざまな戦略が論じられてきた。ジェンダーはそこで政治的なるものをめぐる深甚な問いを突きつけた。「女性はたんに偶発的な要因で男性に支配されていたのではなく、政治的公共圏の構造や政治的公共圏と私的領域との関係が性差を基準に規定されていたという意味で」、女性排除は民主

（1）Éliane Viennot (dir.), *La démocratie « à la française » ou les femmes indésirables*, Paris, Publications de l'Université de Paris VII - Denis-Diderot, 1996.
（2）Michèle Riot-Sarcey (dir.), *Démocratie et représentation*, Actes du colloque d'Albi des 19 et 20 novembre 1994, Paris, Kimé, 1995 ; Françoise Collin, Évelyne Pisier, Eleni Varikas, *Les femmes de Platon à Derrida : anthologie critique*, Paris, Plon, 2000.

制の土台をなし、「政治的公共圏にとって本質的であった」[3]。それが公に議論されるようになったのである。

両性の代表性を促進する「パリテ法」では、実体的平等の名のもとに、共和的普遍主義と代表民主制が再考されている。この法的手段は、そのせいで何かしら割りきれないものとなる。「政治的分析はここで『参画可能』問題から『分有可能』問題へ移行している」[4]。ここで堂々めぐりは切断される。政治体から同質性を減じ、とりわけ性別／人種／階級の三元的な理解の対象とするには、組織内行動を変えていかねばならないが、同質性が減じなければ組織内行動は変わらない、という堂々めぐりが断ち切られる。政治的なるものからの女性排除の独特な性質が理論化され、是正戦略が実施された目的はこの点にこそあった。

2　パリテ民主制——は共和制に適合？

パリテ論争を検討すると、共和制原則が一義的でないことがよく分かる。賛成派と反対派はそれぞれ真逆の立場から、この同じ原則を盾にとった。

パリテ規定はわれわれに難問を突きつける。民主制下の平等の内部的差異を考慮するような共和国をいかに思案するのか。われわれはここで、民主制の内包する二律背反と向き合わされる。

その柱の一つは平等の政治であり、共通の尊厳を根拠として全市民に諸々の権利と権能が承認される。もう一つの柱は差異の政治であり、個々の人間と個々の集団がそれぞれの自己性において承認される。民主制のこのような二律背反が問われているのは何もフランスだけではないが、問いの立て方は各国の政治文化や歴史文化に応じて異なる。両性の政治的平等の面で最下位グループにいたフランスが、クオータの対案という論理のもとにパリテなる前例なき措置を導入した背景は、フランス独特の問いの立て方に求められよう。実際には五〇パーセントの性別クオータでありながら、クオータではなくパリテと称することで、共和制の伝統との衝突を回避できたのだった。

---

(3) Jürgen Habermas, *L'espace public : archéologie de la publicité comme dimension constitutive de la société bourgeoise*, Paris, Payot, 1998, préface à l'édition de 1990, p. VIII.〔ユルゲン・ハーバーマス著、細谷貞雄、山田正行訳、『公共性の構造転換——市民社会の一カテゴリーについての探究』、未來社、一九九四年・第二版、Xページ〕

(4) 一四一ページ訳注(16)参照〔訳注〕。

(5) Jean Vogel, La parité et les nouvelles figures de la citoyenneté, dans Jacqueline Martin, *La parité. Enjeux et mise en œuvre*, Toulouse, Presses Universitaires du Mirail, 1998, p. 48.

このような視野に立って、推進派の掲げたパリテの原理と、そこから生まれた立法や選挙とのズレを解明するのは意義深い作業だろう。米国の歴史家ジョーン・W・スコットによれば、一九九九年の憲法改正と二〇〇〇年の立法が「反差別措置の類に属すのに対し、パリテ推進運動を主導した女性たちははるかに遠大な目標をめざしていた[6]」。「政治的代表を性差の象徴から解き放ち、女性を普遍的なるものの形象に完全に含める[7]」目標を。

ある種の普遍主義は二つのレベルの市民権に拠って立つ。一つ目は、両性のあらゆる人間に開放された「受動市民権」。この権利を有する者が組みこまれるのは、権利の共同体である以上に義務の共同体である。二つ目は、少数の玄人筋に留保された「能動市民権」。この実権を有する者だけが、選挙権や被選挙権を通じて国家運営に参画する。彼女らがめざす目標は、その種の普遍主義の施錠を解除することだ。

パリテ論争は、本項で確認したように、民主制の「普遍主義」モデルを問う一助となる。それは差異不問論に対して、哲学者アクセル・ホネットやナンシー・フレイザーのいう承認をめぐる闘争の視座から出された異論とも重なっている。

3　公と私の断裂という論点

ジャン゠ジャック・ルソーの『社会契約論』が示すように、フランス革命によって交わされた政治契約の基本は、公私の境界の抹消ではなく、その逆に国政と家政の分離にある。家庭と国家のアナロジーは「誤り」、「詭弁」[8]とされ、社会契約に定めた民主制ルールを家庭にも波及させるのは不可能、と言いきれなければ困難となった。自然で緊要だから無欠と弁じられた家長権の正統性を前提として、女性と男性に異なる役割と場を割り振る性別秩序が、民主制の社会・政治秩序のもといに据えられた。政治的なるものからの女性排除は矛盾ではなく、民主制下の平等の条件となっているのだ。

---

(6) Joan W. Scott, *Parité! L'universel et la différence des sexes*, Paris, Albin Michel, 2005, p. 248. 〔*Parité!: Sexual Equality and the Crisis of French Universalism*, University of Chicago Press, 2005.〕

(7) *Ibid.*, p. 247.

(8) Jean-Jacques Rousseau, *Du contrat social. Œuvres complètes*, t. 3, Paris, Gallimard, « Bibliothèque de la Pléiade », 1964, p. 412. 〔ルソー著、桑原武夫・前川貞次郎訳、『社会契約論』、岩波書店・岩波文庫、一九五四年、一〇七ページ〕

「パリテ法」の施行以降、政治への女性包摂を求める主張をあたかも裏返すかのように、ジェンダーに応じた政治的権限のテーマ別・分野別配分を求める主張が現われている。そのような政治的権限の性差論は、私的領域と公共圏との連動をどのように捉えるかの点で、三つの学派に対応する三通りに大別できる。一つ目は、マルクス主義の伝統を汲むフェミニスト[9]である。この見解によれば、公私の分離などというのは支配手段の一つでしかなく、生産労働・再生産労働の平等な再編を行なうためには解体しなければならない。二つ目は、「母性主義」フェミニスト[10]である。自由主義に裏づけられた公私の厳密な分離を疑問視する点はマルクス主義フェミニストと同様だが、「母性をはじめとする私的領域の徳性に根ざした女性の政治意識の涵養[11]」を目的とする点が異なる。ナンシー・チョドロウの精神分析論やキャロル・ギリガンの道徳発達論を踏まえて、女性の「ケアの倫理」を男性の「正義の倫理」に対置する。めざされているのは、自由主義的な公共圏から見下されている徳性、すなわち私的領域たる家庭における母性や日常的配慮など、女性ならではの経験に根ざした徳性を基本に据える社会である。三つ目は、これと対立する「参画主義」であり、市民権自体を一つの徳性として重視する。フェミニズムの政治的解放構想は、女性性なる付加価値を条件にせずとも、市民権を支えにできるはずだという。この立場では、両性の政治上の差異はより広い文脈のうちに位置づけられ、政治的代表における社会的不平等の再生産の問題として論じられる。

Ⅱ　パリテ――「違ったなかでの平等」の割りきれなさ

フランスの論争が示すように、「パリテ法」には「平等ななかでの差異」が割りきれないかたちで掲げられている。積極的差別を是認する根拠は、一方では機会の平等、他方では別格の差異の二つにまたがる。賛成派の議論は先述の通り複合的であり、必ずしも両性の補完性を擁護しているわけではない。しかし法律の実施状況を検討すると、政治への女性包摂の根拠として、施政へのプラス・アルファという論法が見られがちなことが分かる。そこで女性が旗振り役を期待さ

（9）たとえば Zillah R. Eisenstein, *The Color of Gender : Reimaging Democracy*, Bekerley (Cal.), University of California Press, 1994 や Nancy Hartsock, *Money, Sex, and Power*, New York, Longman, 1983 を参照。

（10）Sara Ruddick, *Maternal Thinking*, London, Verso, 1989 などを参照。

（11）Marion Paoletti, Utiliser le genre comme variable distinctive : un fugace enchantement, *Questions de communication*, n° 7, p. 61.

れているのは、弱者（子ども、高齢者、病人）への配慮に関わる政策であり、「ケア」の政治であると言える。政治上の女性の徳性を論じる言説では、パリテは民主制の規定の一つではなく、政治的な付加価値の一つとなり、両性の非対照性が強化されてしまう。[12]

1 条件つきの平等――パリテから多様性へ

女性なら違った政治を行なうと論ずるのなら、パリテは条件つきの平等と化す。[13] 女性が政治に進出するのは単に女性が完全な市民だからではなく、プラス・アルファをもたらすからだという論理では、女性と女性性が政治的資源として道具化されるおそれがある。自分がいかに適任かを証明するために、女性議員がその女性性の「演出」を迫られることにもなりかねない。「パリテ法」の実施状況を見ると、ジェンダーによる社会的・政治的な役割分担の見直しにはいたっていない。先に見たように、市町村議会・地域圏議会における両性の議員の地位には、政治の場の垂直的・水平的な分掌が濃厚に認められる。地方行政首脳部に女性が少ないのは垂直分掌である。女性がその「家庭的な役割」と地続きの担当分野（福祉、幼児、保健、文化、学校）で多数を占め、男性が「戦略的な役割」（予算、経済発展、国土整備、運輸）を保持しているのは水平分掌である。男性支配もジェンダーに応じた職務分掌も、同数任用の論理では（再）生産されていく。権力ポストの男性上位も性別ステレオタイプも、「パリテ法」では一端しか見直されない。パリテ制はその点で、「保守革命」[14]だと言えるかもしれない。

パリテの次元から多様性の次元へシフトする動きもある。女性の政治進出が、政治の「市民社会」＝素人への開放と結びつけられる。そこではパリテ制は、政治的代表性の動揺に歯止めをかけ、政治体の同質性の問題を幅広く検討するための対策と見なされる。だが、多様性とは具体的には「政治的なツケ」の謂であり、それを負担するのが女性である点は変わらない。「パリテ法」が最初に適用された二〇〇一年の市町村選挙では、男性候補は政党から、女性候補は市民社会から、と性別によって選定の場が違っていた。〇七年の組閣[15]の際も同様に、女性には多様性への開放を担う役割が振られた。政治的資源としてのジェンダーの相対的価値が競合状況に応じて変動

(12) Cf. Catherine Achin et alii, *Sexe, genre et politique*, Paris, Economica, 2007.
(13) Réjane Sénac, *L'égalité sous conditions. Genre, parité, diversité*, Paris, Presses de Sciences Po, 2015.
(14) Catherine Achin et alii, *op. cit.*, p. 148-160.
(15) サルコジ大統領時代の第一次・第二次フィヨン内閣は女性が三分の一を占める構成であった〔訳注〕。

する事実も、こうした仮説を裏づける。

2　99％のためのフェミニズムをめざして

二〇一七年三月八日の国際女性ストライキの企画に携わったシンジア・アルッザ、ティティ・バタチャーリヤ、N・フレイザーの共著『99％のためのフェミニズム宣言』は、次の主張を掲げている。「地球が炎上しているというのに[16]」、新自由主義システムの一翼を担うフェミニズムが女性のために求めているのは「支配の機会均等」でしかない。解放へ向かうフェミニズムは、それと一線を画さなければならない。労働福祉も地球環境も待ったなしの事態を前に、フェミニストの取り組むべき現代の難題は、「反人種主義者、環境活動家、労働や移民の権利活動家たち」とつながって[17]、反資本主義・反帝国主義の諸運動として力をもつことだ。そこにはジレンマに満ちた難題が待ち受けている。「被抑圧者と被搾取者」のあいだにもある数々の利害衝突を考慮しつつ、それらの激化と道具化をしりぞける道を進むことで、「つねに途上にあり（……）、連帯によってつねに新しく築き直される」普遍主義を出現させなければならない[18]。細分化された闘争の林立は、「社会を変革するのに必要な、堅固かつ支持層の広い協力関係」を出現させるのに失敗した。それゆえ「私たちの足元にある多様な闘争からすくいあげられた」新たな「普遍主義」を提唱する。[19] 以上が三人の主張である。この難題がフランスで、さまざまな不正義に反対する現代の諸運動によってどう捉えられているのか分析するために、私は一九年六月から二〇年八月にかけ、つまり新型コロナ禍が始まる前と始まって以降に、一三〇人の関係者に定性調査を行なった。対象はフェミニズム、反人種差別、環境問題、反種差別、反貧困、社会的正義に取り組む団体・グループの中心人物や活動家であり、確認された事実は以下の通りである。効果を上げるには同盟が必要だとの認識がある一方、糾合は諸々の活動家や要求事項のあいだの不一致を隠蔽するとの不信感もある。みなの解放という地平が、状況判断と対処の両面における政治的・社会的急進性の復権に連なっている。「私を助けに来たのなら時間の無駄だけど、あなたの解放が私のとつながっているのなら、それなら、いっしょに働こうよ」。多くのインタビュイーが引

(16) Cinzia Arruzza, Tithi Bhattacharya et Nancy Fraser, *Féminisme pour les 99 %. Un manifeste*, Paris, La Découverte, 2019, p. 57.〔シンジア・アルッザ、ティティ・バタチャーリヤ、ナンシー・フレイザー共著、惠愛由訳『99%のためのフェミニズム宣言』、人文書院、二〇二〇年、一三ページ〕
(17) *Ibid.*, p. 16.〔同書、一六ページ〕
(18) *Ibid.*, p. 124.〔同書、一五一～一五二ページ〕
(19) *Ibid.*, p. 124.〔同書、一五一ページ〕

用したこの言葉は、諸運動にありがちな「誰が」を考える発想への戒めとして、第一の当事者とともに／のためになされる共同構築を念頭に、オーストラリアのアボリジニ活動家リラ・ワトソンが発したとされる。性差別暴力、性暴力、警察暴力、気候異変のように、#MeToo運動や#OnVeutRespirer運動[20]を通じて確立された新たなテーマをめぐり、親密性と政治性の混じり合った言葉が口にされ、耳にされている。不正義をこうむった個人的な経験が、権力関係と構造的不平等の糾弾へいたる。労働福祉の非常事態と地球環境の非常事態が絡まり合っているとの認識が生まれている。この認識はパンデミックの体験によっていっそう強まっており、性差別不平等、人種差別不平等、環境不平等が相互依存の関係にある以上、克服の道は解放の分かち合いにあるという了解を支えている。それはフェミニズムの歴史的な認識でもあり、目下はインターセクショナリティや脱植民地化の議論を介して、エコフェミニズムや反人種差別フェミニズムがバージョンアップされているところだ。本調査をまとめた近著『急進的で流体的──現代の諸運動[21]』で詳述したように、革命による大団円への期待に対しては、不信の目が向けられる。今なお少数派の課題と見なされている性差別や人種差別、地球環境より、労働福祉が優越する状況の再編に終わるおそれがあるからだ。インタビュイーたちが推進しているのは、戦術を多様化させ、オルタナティブを試しながら、共通の行動を（共通に）進めていくことだ。このオルタナティブは現実のユートピア、いわば「コミュニティ・ガーデン」と言える。彼ら彼女らの頭のなかでは、弁舌も、裁判も、市民的不服従も、新たな場と言葉の領有も、すべてがシナジーの関係にある。闘争の合流地点に、解放されたコモンズと動きやまぬ普遍主義を定位する現代の諸運動は、共和的普遍主義のいう中立性の脱神聖視の一翼を担っている。

(20)「息がしたい」の意。警察暴力に対するものと、ガソリン自動車に代表される大気汚染に対するものがある〔訳注〕。

(21) Réjane Sénac, *Radicales et fluides. Les mobilisations contemporaines*, Paris, Presses de Sciences Po, 2021.

結び

性別クオータ制は「大きな論争のあるところだが、トレンド化している」[1]。研究プログラム「選挙ジェンダー・クオータ」[2]を率いるストックホルム大学の政治学教授、ドルーゼ・ダレルプの言葉である。法定あるいは自主的な、候補者あるいは議席のクオータ制を採用した国は世界の半数にのぼる。しかし、クオータ制の根拠をめぐる論戦も、その運用に関する批判的な論評も、依然として続いている。男性の政治的過大代表の存続状況――二〇一二年の時点で世界の国会議員の平均八〇パーセント[3]――に照らし、クオータ制がどれほど有効に働いてきたのかが、とりわけ大きな争点となっている。

クオータ制という平等政策は、両性各々に数だけでないインパクトをどれほど与え、地位や権力の再分配に作動している文化をどれほど変えつつあるのか。現代のガバナンスは複雑である。一方では、各国で歴史的に受け継がれ、定着している政治や制度を考慮しなければならない（経路依存性《パス・ディペンデンシー》）。その一方で、グローバリゼーションの作用、さらにEUのような地域統合の作用も考慮しなければならない。とはいえ、こうした複雑なガバナンスを枠組みとしたインパクト分析という難題に挑んだ労作もある。選挙クオータ導入の国際比較研究の嚆矢となった二〇〇六年のD・ダレルプ編『女性・クオータ・ポリティクス』や、女性議員に関する〇八年のマノン・トランブレの編著、クオータ制のインパクト分析そのものを主題とした諸々の研究[4]などだ。

これらの比較研究は、意思決定への両性平等な参画をうたう国際パリテ規準が、各国でいかに

（1）Drude Dahlerup, «Gender Quotas - Controversial but trendy», *International Feminist Journal of Politics*, 2008, 10 (3), pp. 322-328.

（2）二〇〇三年に民主制・選挙支援国際研究所（IDEA）とストックホルム大学が始めた研究プログラム。〇九年に列国議会同盟も加わった。女性の政治参画と政治代表性を向上させる手段としてのクオータ制の利用に関する世界総覧を作成している。オンラインでは https://www.idea.int/data-tools/data/gender-quotas を参照。

（3）二〇二三年一月一日現在で平均七三・五パーセント〔訳注〕。

（4）Susan Franceschet, Mona Lena Krook, and Jennifer M. Piscopo, (eds.), *The Impact of Gender Quotas*, New York : Oxford University Press, 2012.

複雑なかたちで適用されているかを明らかにした。取り上げられた国は多岐にわたる。かたや北欧モデルがパリテと民主制の文化上の関連を示す好例として引かれ、かたや法定クオータや議席割当を採用した国々の急速な前進が論じられる。ルワンダが二〇〇三年秋以降、国会の女性議員比率でスウェーデンから首位を奪っている事実は、新たな世界的傾向の出現を示すものと解釈される。フィンランド、ノルウェー、少し遅れてスウェーデンといった北欧諸国が数十年にわたって先頭に立っていたのに対し、わずか一五年ほどで「アルゼンチンやウガンダ、南アフリカやボスニア・ヘルツェゴヴィナ、フランスやコスタリカなど千差万別な国々が、性別クオータを利用することにより、政治機構における女性の歴史的な過小代表を急速に変えるにいたったのだ[5]」。アフリカに関しても[6]、ラテンアメリカに関しても[7]、南アジアに関しても[8]、性別クオータ研究は果敢に進められている。それらの研究を読めば、クオータ制の有効性を分析するうえで、国際パリテ規準と経路依存性との交錯がいかに重要であるかが分かるだろう。

クオータ制が各国で検討・実施された事情を考慮する必要を否定するわけではないが、以下では法定クオータ制か自主クオータ制かに焦点をしぼる。この手法のもと、「機会平等」に着目して、平等原則の多義性に迫っていきたい。

一九九六年に四〇パーセントの候補者クオータを法制化し、さらに二〇一〇年以降は全選挙に交互名簿を導入しているコスタリカでは、女性議員比率は〇二年に、一九パーセントから三五パーセントに上昇した。政党クオータを用いたデンマークでは、同様の変化は二〇年間の選挙を通じて積み上げられた。両国の比較から示されるのは、女性の政治的代表を向上させる二つの道筋の併存(9)である。それぞれ「急進軌道《ファスト・トラック》」、「漸進軌道《インクリメンタル・トラック》」と呼ばれる理念型と結びつき、女性の過小代表の原因の解釈も、それを是正するための戦略も異にする。

「急進軌道」説では、自由主義的な機会平等（イコール・オポチュニティ、コンペティティブ・イ

---

(5) Drude Dahlerup (ed.), *Women, Quotas and Politics*, London, Routledge, 2006, p. 3.

(6) Gretchen Bauer, «Electoral Gender Quotas for Parliament in East and Southern Africa», *International Feminist Journal of Politics*, 10 (3), 2008, pp. 348-368.

(7) Mark Jones, «Gender Quotas, Electoral Laws, and the Election of Women - Evidence From the Latin American Vanguard», *Comparative Political Studies*, 2009, 42 (1), pp. 56-81.

(8) Shirin M. Rai, Farzana Bari, Nazmunnessa Mahtab and Bidyut Mohanty, «South Asia : Gender Quotas and the Politics of Empowerment - A Comparative Study», in Drude Dahlerup (ed.), *Women, Quotas and Politics*, London, Routledge, 2006, pp. 222-245.

(9) Drude Dahlerup, «Electoral Gender Quotas : Between Equality of opportunity and Equality of Result», *Representation*, 43 (2), 2007, pp. 73-92.

コーリティ）観を基本とする「漸進軌道」説と違って、積極的差別と呼びうる強制措置の実施を主張する。権力機関における女性の過小代表の存続を前に、政治コードの中核にある差別・排除プロセスを解体する適切な戦略は法的強制の断行であると考えるからだ。そこでは法定クオータは優遇措置ではなく、平等原則と相容れない構造的障壁[10]を壊すための是正的・変革的措置と見なされている。各種のクオータ制の比較分析が示すのは、「漸進軌道」の北欧モデルから、ラテンアメリカやアフリカ、アジアや欧州でグローバル化された「急進軌道」モデル（グローバル・トレンド）へのシフトの進行だ。[11] 後者が含意する強制措置に関し、諸々の集団の処遇に差をつければ社会の一体性が分解しかねないと反対派は論難し、機会平等に実効性をもたせるには必要な措置だと賛成派は主張する。

グローバル化された状況におけるクオータ賛成論は、平等原則だけに依拠するわけではない。代表性の質的改善につながるという社会的投資規準を併用する。[12] その論法は主に四つである。[13] 第一に、非差別の原則からすれば、人口の半数を占める女性には議席の半数を得る権利がある。第二に、女性独特の経験と関心――生物学的と呼ばれるか、社会的な構築と呼ばれるかを問わず――は代表性に裨益する。第三に、女性政治家のモデルケースが示されれば、社会全体で規範に変化が生じ、かくあるべしと集合的・個人的に投影された女性像も変わっていく。[14] 第四に、民主制下の発言の場に加わること（ボイス・アーギュメント）は、政治機構への信認の源（トラスト・アーギュメント）となるから、クオータは民主制システムの正統性を強化する。[15]

性別クオータはポリティーク（英語のポリティクス、ポリシー、ポリティのすべて）に独特のも

---

(10) Carol Bacchi, « Policy and Discourse : Challenging the Construction of Affirmative Action as Preferential Treatment », *Journal of European Public Policy*, 11 (2), 2004, pp. 128-146.

(11) Drude Dahlerup and Lenita Freidenvall, « Quotas as a "Fast Track" to Equal Representation for Women - Why Scandinavia is no Longer the Model », *International Feminist Journal of Politics*, 7 (1), 2005, pp. 26-48 ; Teresa Sacchet, « Beyond Numbers - The Impact of Gender Quotas in Latin America », *International Feminist Journal of Politics*, 10 (3), 2008, pp. 369-386.

(12) Joni Lovenduski and Pippa Norris, « Westminster Women : The Politics of Presence », *Political Studies*, 51, 2003, pp. 87-89.

(13) Drude Dahlerup, « Comparative Studies of Electoral Gender Quotas », in *The Implementation of Quotas : Latin American Experiences*, Stockolm, International IDEA, 2003.

(14) Jane Mansbridge, « Quotas Problems : Combatting the Dangers of Essentialism », *Politics and Genders*, 1 (4), 2005, pp. 622-644.

(15) Melissa S. Williams, *Voice, Trust, and Memory. Marginalized Groups and the Failings of Liberal Representation*, Princeton (N. J.), Princeton University Press, 1998.

のをもたらすがゆえに是とする論法である。ここで提起されるのが、描写的《ディスクリプティブ》な意味＝「スタンディング・フォア（を写し出す）」の意味で集団を代表すれば、実体的《サブスタンティブ》な意味＝「アクティング・フォア（のために行為する）」の意味でも(16)「その」利益を十分に代表すると言いきれるのか、という問題である。(17)政治機関への女性進出を政治アジェンダや政論のジェンダー的アプローチにつなげていくには、どのような条件設定が必要なのか。クオータ制の実施状況を評価した諸研究からは、次の知見が提示される。政治活動における差異の本質化、とりわけ性差の本質化に陥ってはいけない。女性議員比率のカウントに終始することなく、席の再分配だけでない権力の再分配の内実を問うべきである。(18)クオータ制がいかなる点でいかにして民主制と平等の増進に、とりわけジェンダー不平等を解体する方向へ、はずみをつけているかを見定めなければならない。

(16) より一般的な「記述的」「実質的」に代え、下記の邦訳書から訳語を拝借している〔訳注〕。

(17) Hanna Fenichel Pitkin, *The Concept of Representation*, Berkeley (Calif.), University of California Press, 1967〔ハンナ・ピトキン著、早川誠訳、『代表の概念』、名古屋大学出版会、二〇一七年〕; Rian Voet, « Political Representation and Quotas : Hannah Pitkin's Concept(s) in the Context of Feminist Politics », *Acta Politica*, 27 (4), 1992, pp. 389-403.

(18) Nancy Fraser, *Qu'est-ce que la justice sociale ? Reconnaissance et redistribution*, Paris, La Découverte, 2005, p. 107-144 ; Petra Meier, « A Gender Gap Not Closed by Quotas », *International Feminist Journal of Politics*, 10 (3), 2008, pp. 329-347.

解説　フランスのパリテから日本の男女平等な権力分有を考える

村上彩佳（専修大学人間科学部社会学科専任講師）

原書はフランスで二〇〇八年に刊行された『パリテ（*La parité*）』である。著者のレジャーヌ・セナック氏は、パリ政治学院（Sciences Po）の政治学研究センター（CEVIPOF）において、フランス国立科学研究センター（CNRS）所属の政治学分野の研究ディレクターを務める。彼女は、女男平等高等評議会（HCEfh）のパリテ委員会の代表も務め、研究の知見を実践に反映させる役割も担った。

本書は、フランスが平等原則として掲げる「市民を何の属性によっても区別しない」という考え方が、パリテという言葉とともに問い直される過程を明らかにする。読者は、パリテの理念がフランス社会に登場し、議論され、改憲と法制化を経て根付いた過程を知ることができる。また、パリテが選挙で適用されるルールについても本書は解説する。日本の読者が知りたいパリテの基本情報が、本書にコンパクトにまとまっている。

日本とフランスの共通点

フランスの経験は日本にとって示唆に富む。パリテ導入前のフランスは、女性の政治参画後進国であり、その状況は日本と似ていた。まず女性参政権の確立が遅く、フランスが一九四四年に対し、日本は一九四五年だった。そして女性議員の増加も鈍かった。フランスで一九四六年に初の女性国会議員（国民議会）が誕生した時、その割合は五・六パーセントだった。しかしその後女性議員率は停滞し、一九九三年に五・九パーセント、パリテ法導入直前の一九九七年もわずか一〇・九パーセントだった。

日本の場合、一九四六年に初の女性国会議員（衆議院）が誕生した時、その割合は八・四パーセントでフランスよりも高かった。しかしその後、日本の女性議員は減ったのち、低水準で推移した。二〇二一年の女性議員率は九・七パーセントである。一九四六年からほとんど増えていない。

日本の「政治分野における男女共同参画の推進に関する法律」

フランスが一九九〇年代にパリテに着手したのとは対照的に、日本は長い間、女性の政治参画促進について具体的な措置をとらなかった。フランスに遅れること約二〇年、日本は二〇一八年に「政治分野における男女共同参画の推進に関する法律」（以下、同法の略称の「候補者均等法」と表記）を定めた。候補者均等法は、国会及び地方議会の選挙において、男女の候補者の数ができる限り均等となることを目指す基本原則を定める。候補者の男女均等をめざすアイデアは、フランスのパリテにも通ずる。

ただし候補者均等法は、原則を定める理念法であり、強制も罰則もない。強制力が伴わなければ効果が薄いことは、パリテ法の経験が示す通りだ。実際、候補者均等法制定後の二〇二一年に行なわれた衆議院選挙で、女性議員率は増えるどころか、一〇・一パーセントから九・七パーセントに減った。候補者均等法の社会的認知度もまだ低く、パリテ法ほどのインパクトはもたらせていない。

パリテのトライ・アンド・エラー

とはいえ、パリテ法も最初から完璧だった訳ではなく、トライ・アンド・エラーを経て実効性の伴った法律へ強化されてきた。法律の強化・改正を促したのは、パリテの進捗を監視する機関（当初パリテ監視委員会、のちに女男平等高等評議会に拡大編成）、女性運動、女性議員の増減を報じるマスメディアである。これらが、パリテは「守られるべき当然のもの」であるという考えを社会に根付かせた。

政治リーダーの判断も、パリテの前進・後退に影響する。二〇一七年の選挙で、フランスの女性議員率（国民議会）は三八・八パーセントになった。二〇一二年の選挙の二六・九パーセントから約四〇パーセントへと大幅に増えた背景には、エマニュエル・マクロンが新設した政党「共和国前進」（のちに「再生」に名称変更）の戦略があった。候補者集めが急務だった共和国前進は、女性候補も積極的に集め、勝ち目のある選挙区に立てた。彼女たちは当選した。女性議員が増えない要因として、「選挙に勝てる適切な女性候補がいない」という理由がよく挙げられるが、共和国前進はその通説を覆した。

しかし二〇二二年の選挙で、女性議員率は後退し三七・三パーセントになった。過去三〇年間、フランスの女性議員は増え続けてきたにもかかわらず、減った。この選挙で議席を伸ばした右派政党が、勝ち目のある選挙区に女性候補を立てていなかったことに起因する。パリテ法という公式のルールがある一方で、候補者選定や立候補地区の割振りは、慣習的な非公式のルールに基づき、政党の地方支部を中心に行なわれる。非公式のルールには男性中心的な構造が残り、女性の政界進出の壁となっている。

パリテ以降の課題

フランスの地方議会はほぼパリテになった。国会もパリテに近づきつつある。大臣も男女同数だ。しかし、大統領や首相、「戦略的」大臣は男性ばかりである。地方公共団体の長も男性が多い。「権力の水平的・垂直的な性別分掌（la division horizontale et verticale du pouvoir entre les sexes）」（二〇六ページ）、いわば「政務の水平的・垂直的な性別分掌（la division horizontale et verticale du travail politique）」（二〇九ページ）がみられ、「女性の進出は、真の権力が始まるところで終わ」っている（二一五ページ）。

権力分有を男女平等にするのは難しい。議員比率は、パリテ法のように制度で改善できる。けれども、大統領、首相、大臣の割当、あるいは地方公共団体の長に、そうした制度はなじまない。リーダーシップ職への女性の登用が滞るなか、二〇二二年の大統領選挙後に、マクロン大統領はエリザベット・ボルヌを首相に任命した。フランス史上二人目の女性首相である。ただし、ボルヌ首相を取り巻く環境は容易ではない。極右のマリーヌ・ルペン候補を辛くも破り再選したマクロン大統領のもとには、新型コロナウィルスの流行、年金改革への反対、物価上昇、極右の躍進といった政治的課題が山積する。本書で著者が論じたように、政治資源としてのジェンダーの意味は、その時々で変化する。危機的状況下でプラス・アルファの価値を生む存在として、女性が登用されてはいないだろうか。

フランス史上初の女性首相であるエディット・クレッソンは、政治の刷新の象徴として関心を集めたものの、一九九一年の着任から一年を待たず辞任に追い込まれた。「政治的なツケ（coût politique）」（一二九ページ）を女性が払わされることにならないか、警戒が必要だ。

「平等のための共通行動」にむけて

フランス市民は、性別や肌の色や宗教や出自といった属性やカテゴリーに関わりなく、抽象的な存在として認識され、みな平等とされる。この平等原則のために、一九八〇年代にクオータの導入が阻まれた。選挙候補者に性別の区別を設けるクオータは、市民を性別で区別する制度であり、違憲とされた。そのためパリテ法を制定するには、憲法を改正し、この平等原則を回避する必要があった。改憲によって、選挙候補者について性別の区別を設けることが例外的に可能となったのである。

したがって性別以外の平等を求める市民運動は、この平等原則と対立しうる。たとえば、二〇一七年に市民団体「ムワシ（Mwasi）」が、「ヨーロッパ・アフロフェミニスト・フェスティバル・ニャンサポ」というイベントをパリ市庁舎で行なおうとした。イベントには、黒人女性同士で議論し、エンパワーメントすることを目的に、黒人女性専用スペースとワークショップが企画された。これに対し、パリ市長のアンヌ・イダルゴが、「ミクシテ（混成）ではない」という理由から、SNS上でフェスティバルの開催反対を表明した。こうしたイダルゴの動きの背景には、極右陣営からの、「『白人』禁止のフェスティバル」が市庁舎で行なわれる、という主張があった。

フランス社会でマイノリティにある黒人女性が、安心・安全な気持ちで語るために専用スペースが設けられた。にもかかわらず、これが多様な人種が混成的に参加することを妨げるとして批判されたのである。最終的にイベントは開催されたものの、黒人女性専用スペースの企画は、市庁舎とは別の私的な会場で行なわれた[1]。

イダルゴ市長はパリテ推進に熱心で、パリ市庁舎で女性を管理職に積極的に登用した。しかし彼女は、エスニック・マイノリティとして女性が運動することには異議を申し立てたのである。フランス社会において両性間の平等以外の平等や権利をクレイムする困難を浮き彫りにする事象

(1) 一連の騒動を報じた『リベラシオン』紙によれば、市長の反対とは無関係に、主催者は元々こうした区分で会場運営を行う予定だった。*Libération*, « Aux origines de la polémique sur le festival afroféministe Nyansapo », par Frantz Durupt, publié le 28 mai 2017, (https://www.liberation.fr/france/2017/05/28/aux-origines-de-la-polemique-sur-le-festival-afrofeministe-nyansapo_1572874/).

である。

当たり前のことではあるが、女性は多様であり、決して一枚岩に捉えられない。各個人のさまざまな属性と、それらの交差性（インターセクショナリティ）への目配りも必要である。本書の最後で著者は、社会変革には「平等のための共通行動」が必要だと述べている。フランスはその方法を模索している。

おわりに

フランスのジェンダー平等への道のりも平坦ではない。しかし、トライ・アンド・エラーの実践を二〇年以上積み重ねながら、フランスは目覚ましい変化を遂げた。翻って日本について考えると、男女平等な権力分有、性と生殖の健康と権利の保障、男女問わずケアに関われるしくみ、子育て支援、性的マイノリティの権利の保障など、課題は山積している。

日本のような「後続組」の強みは、先例をもとに、うまく働くしくみや法律を設計できることである。フランスをはじめ、日本には参考事例がたくさんある。本書も、日本社会の男女平等な権力分有に資するはずだ。今後の日本の変化に期待したい。

訳者あとがき

本書の原著は、二〇〇八年二月刊行の *La parité*（«Que sais-je?» n° 3795）であるが、それから一〇年以上を経てフランスの状況はさらに変わった。二〇〇八年一月までに七本制定されていた「パリテ法」は、二〇二一年十二月に一六本目を数え、第二部第二章で詳述されているように全体として強化された。著者が他の諸国の変化にも目配りしつつ第二部の考察部分を大幅に書き換え、二〇二一年十二月末に脱稿した改訂版（未刊行）をもとに、女性議員比率データなどにアップデートを加えて二〇二三年二月に確定したテクストが、作業上の原典となる。

邦訳にあたっては、満載の情報が圧縮され交錯する叙述を踏まえ、整序や訳者補足（亀甲括弧部）を行なった箇所がある。個別の訳語の面では、「平等」の形容において「法」「権利」の両義を意図していると思われた"de droit"にスラッシュによる併記を用い、「男女」「女男」の順は原語を踏襲した。ただし、この語順を含めて法律条文等は、できるだけ一次資料に準拠している。

その際に欧語間での機械翻訳が大いに役立った（語学教師として複雑な心境であるものの、言語障壁の軽減は比較研究の領野に高次元の可能性を開いてもいるだろう）。

とはいえ南アジアはお手上げであり、岐阜女子大学の笠井亮平先生に指南を仰いだ。各国の制度に関しては、本書の解説を執筆くださった専修大学の村上彩佳先生をはじめ、ネット上の諸々の論文や報告書を参考にさせていただいている。数値や年号の飽くなき照合は、編集部の小川弓枝さんのお力添えがなければ不可能だった。この場を借りて三氏へ厚く御礼申し上げたい。

なお本書でＵＲＬが紹介されているサイトには、「レジャーヌ・セナック『議員の両性同数――パリテの現在地』関連リンク」と題したページを訳者のＨＰに設け、同定できた一次資料等とともにアクセスの便を図った。

二〇二三年三月

訳者

著者略歴
レジャーヌ・セナック Réjane Sénac
パリ政治学院政治学研究センターにてフランス国立科学研究センター研究ディレクターを務める。女男平等高等評議会のパリテ委員会の元代表。邦訳書に『条件なき平等』（井上たか子訳、勁草書房）がある。

訳者略歴
斎藤かぐみ
東京大学教養学科卒業、欧州国際高等研究院（IEHEI）修了。フランス語講師・翻訳。主な訳書に『力の論理を超えて——ル・モンド・ディプロマティーク 1998-2002』（共編訳、NTT 出版）、ベアトリス・アンドレ=サルヴィニ『バビロン』、オリヴィエ・ロワ『現代中央アジア』、ジャック・プレヴォタ『アクシオン・フランセーズ』、ムスタファ・ケスス／クレマン・ラコンブ『ツール・ド・フランス 100 話』、ピエール・アルベール『新聞・雑誌の歴史』（以上、白水社文庫クセジュ）、アンヌ=マリ・ティエス『国民アイデンティティの創造』（共訳、勁草書房）、セジン・トプシュ『核エネルギー大国フランス』（エディション・エフ）などがある。

付表　各国議会における女性(1)

表1　EU27か国の一院制国会または下院の女性議員

EU27か国		女性選挙権・被選挙権	一院制国会または下院選挙	定数	女性議員	女性議員比率(%)
1	スウェーデン(2)	1921	2018/09	349	161	46.1
2	フィンランド	1906	2019/04	200	91	45.5
3	スペイン	1931	2019/11	349	150	43.0
4	ベルギー	1948	2019/05	150	64	42.7
5	オーストリア	1918	2019/09	183	75	41.0
6	オランダ	1919	2021/03	150	61	40.7
7	スロヴェニア	1945	2022/04	90	36	40.0
8	デンマーク(3)	1915	2019/06	179	71	39.7
9	フランス	1944	2022/06	577	215	37.3
10	ポルトガル	1976	2022/01	230	85	37.0
11	イタリア(4)	1945	2018/03	630	229	36.4
12	ドイツ	1918	2021/09	736	257	34.9
13	ルクセンブルク	1919	2018/10	60	20	33.3
14	クロアチア	1945	2020/07	151	48	31.8
15	リトアニア	1918	2020/10	141	40	28.4
16	ポーランド	1918	2019/10	460	130	28.3
17	マルタ	1947	2022/02	79	22	27.9
18	ラトヴィア(5)	1918	2018/10	100	27	27.0
19	エストニア	1918	2019/03	101	26	25.7
20	チェコ	1920	2021/10	200	51	25.5
21	アイルランド	1928	2020/02	160	37	23.1
22	ブルガリア	1944	2021/11	240	54	22.5
23	スロヴァキア	1920	2020/02	150	32	21.3
24	ギリシア	1952	2019/07	300	63	21.0
25	ルーマニア	1946	2020/12	330	63	19.1

26	キプロス	1960	2021/05	56[(6)]	8	14.3
27	ハンガリー	1918	2022/04	199	28	14.1

（出典：列国議会同盟、2022年9月1日現在の状況）

表2　本文に言及のある諸国の一院制国会または下院の女性議員

国名と世界ランキング		女性選挙権・被選挙権	一院制国会または下院選挙	定数	女性議員	女性議員比率(%)
1	ルワンダ	1961	2018/09	80	49	61.3
2	キューバ	1934	2018/03	586	313	53.4
3	ニカラグア	1955	2021/11	91	47	51.7
4	メキシコ	1953	2021/06	500	250	50.0
7	アイスランド	1920	2021/09	63	30	47.6
8	コスタリカ	1949	2022/02	57	27	47.4
10	ボリビア	1952	2020/10	130	60	46.2
12	スウェーデン(2)	1921	2018/09	349	161	46.1
14	ノルウェー	1913	2021/09	169	76	45.0
15	アルゼンチン	1947	2021/11	257	115	44.8
18	スペイン	1931	2019/11	349	150	43.0
19	ベルギー	1919	2019/05	150	64	42.7
27	ペルー	1955	2021/04	130	52	40.0
31	デンマーク(3)	1915	2019/06	179	71	39.7
37	フランス	1944	2022/06	577	215	37.3
38	ポルトガル	1976	2022/01	230	85	37.0
40	イタリア(4)	1945	2018/03	630	229	36.4
45	ドイツ	1918	2021/09	736	257	34.9
46	英国	1928	2019/12	650	225	34.6
49	ウガンダ	1962	2021/01	556	188	33.8
72	ポーランド	1918	2019/10	460	130	28.3
76	エジプト	1956	2020/10	592	164	27.7
90	ニジェール	1948	2020/12	166	43	25.9
93	チェコ	1920	2021/10	200	51	25.5
97	モロッコ	1963	2021/09	395	95	24.1
110	バングラデシュ	1972	2018/12	350	73	20.9

112	パキスタン	1947	2018/07	342	70	20.5
137	ロシア	1918	2021/09	450	73	16.2
143	インド	1950	2019/04	542	81	14.9
144	ブラジル(7)	1932	2018/10	513	76	14.8
149	ハンガリー	1918	2022/04	199	28	14.1
停止中	スーダン					

（出典：列国議会同盟、2022年9月1日現在の状況）

訳注

(1) 女性が1946年に参政権を得た日本は、2021年10月に衆院選が行なわれ、22年9月現在465議席中46議席、9.9パーセント、165位（187か国中下から23位）、11月現在も同じ。

(2) 2022年9月の総選挙の結果は、349議席中162議席、46.4パーセント。

(3) 2022年11月の総選挙の結果は、179議席中79議席、44.1パーセント。

(4) 2022年9月の総選挙の結果は、400議席中129議席、32.3パーセント。

(5) 2022年10月の総選挙の結果は、100議席中30議席、30.0パーセント。

(6) 政府の実効支配が及んでいない「北キプロス」地域の選挙区を除く。

(7) 2022年10月の総選挙の結果は、513議席中91議席、17.7パーセント。

文献リスト

ジェンダーと政治

Achin Catherine et alii, *Sexe, genre et politique,* Paris, Economica, 2007.

Achin Catherine, Lévêque Sandrine, *Femmes en politique,* Paris, La Découverte, 2006.

Arruzza Cinzia, Bhattacharya Tithi et Fraser Nancy, *Féminisme pour les 99 %. Un manifeste*, Paris, La Découverte, 2019.〔シンジア・アルッザ、ティティ・バタチャーリャ、ナンシー・フレイザー共著、惠愛由訳『99%のためのフェミニズム宣言』、人文書院、2020年〕

Ballmer-Cao Thanh-Huyen, Mottier Véronique, Sgier Léa (éd.), *Genre et politique. Débats et perspectives,* Paris, Gallimard, 2000.

Bard Christine, Baudelot Christian, Mossuz-Lavau Janine (dir.), *Quand les femmes s'en mêlent. Genre et pouvoir,* Paris, Éd. de la Martinière, 2004.

Baudoux Claudine, Zaidman Claude, Égalité entre les sexes. Mixité et démocratie, Paris, L'Harmattan, 1992.

Bihr Alain, Pfefferkorn Roland, *Hommes, femmes, quelle égalité? École, travail, couple, espace public,* Paris, Éd. de l'Atelier, 2002.

Collin Françoise, Pisier Évelyne, Varikas Eleni, *Les femmes de Platon à Derrida : anthologie critique,* Paris, Plon, 2000.

EPHESIA, *La place des femmes. Les enjeux de l'identité et de l'égalité au regard des sciences sociales,* Paris, La Découverte, 1995.

Fauré Christine, *La démocratie sans les femmes. Essai sur le libéralisme en France,* Paris, PUF, 1985.

Fraisse Geneviève, *La controverse des sexes,* Paris, PUF, 2001.

Fraisse Geneviève, *Les deux gouvernements : la famille et la cité,* Paris, Gallimard, 2001.

Héritier Françoise, *Masculin/féminin II. Dissoudre la hiérarchie,* Paris, Odile Jacob, 2002.〔フランソワーズ・エリチエ著、井上たか子、石田久仁子訳、『男性的なもの/女性的なものII――序列を解体する』明石書店、2016年〕

Laufer Jacqueline, Marry Catherine, Maruani Margaret (dir.), *Masculin-féminin : questions pour les sciences de l'homme,* Paris, PUF, 2001.

Le Bras-Chopard Armelle, *Le masculin, le sexuel et la politique,* Paris, Plon, 2004.

Le Bras-Chopard Armelle, Mossuz-Lavau Janine (dir.), *Les femmes et la politique,* Paris, L'Harmattan, 1997.

Marques-Pereira Bérengère, *La citoyenneté politique des femmes,* Paris, Armand Colin, 2003.

Maruani Margaret (dir.), *Femmes, genre et société. L'état des savoirs,* Paris, La Découverte, 2005.

Riot-Sarcey Michèle (dir.), *Démocratie et représentation,* Actes du Colloque d'Albi des 19 et 20 novembre 1994, Paris, Kimé, 1995.

Sénac-Slawinski Réjane, *L'ordre sexué. La perception des inégalités femmes-hommes,* Paris, PUF, 2007.

Sénac Réjane, *L'égalité sous conditions. Genre, parité, diversité*, Paris, Presses de Sciences Po, 2015.

Sénac Réjane, *Radicales et fluides. Les mobilisations contemporaines*, Paris, Presses de Sciences Po, 2021.

Sineau Mariette, Droit et démocratie, dans Françoise Thébault (dir.), *Histoire des femmes en Occident,* t. V : *XXe siècle,* Paris, Plon, 2002, p. 631-665.

Viennot Éliane (dir.), *La démocratie* « à la française » ou les femmes indésirables, Paris, Publications de l'Université de Paris VII - Denis-Diderot, 1996.

性別クオータ関連

Bacchi Carol, « Policy and Discourse : Challenging the Construction of Affirmative Action as Preferential Treatment », *Journal of European Public Policy*, 11 (2), 2004, p. 128-146.

Bauer Gretchen, « Electoral Gender Quotas for Parliament in East and Southern Africa », *International Feminist Journal of Politics*, 10 (3), 2008, p. 348-368.

Dahlerup Drude and Freidenvall Lenita, « Quotas as a "Fast Track" to Equal Representation for Women - Why Scandinavia is no Longer the Model », *International Feminist Journal of Politics*, 7 (1), 2005, pp. 26-48.

Dahlerup Drude (ed.), *Women, Quotas and Politics*, London, Routledge,

2006.
Dahlerup Drude, « Electoral Gender Quotas : Between Equality of opportunity and Equality of Result », *Representation*, 43 (2), 2007, pp. 73-92.
Dahlerup Drude, « Gender Quotas - Controversial but trendy », *International Feminist Journal of Politics*, 2008, 10 (3), pp. 322-328.
Franceschet Susan, Krook Mona Lena, and Piscopo Jennifer M., (eds.), *The Impact of Gender Quotas*, New York : Oxford University Press, 2012.
Fraser Nancy, *Qu'est-ce que la justice sociale ? Reconnaissance et redistribution*, Paris, La Découverte, 2005.
Mansbridge Jane, « Quotas Problems : Combatting the Dangers of Essentialism », *Politics and Genders*, 1 (4), 2005, pp. 622-644.
Jones Mark, « Gender Quotas, Electoral Laws, and the Election of Women - Evidence From the Latin American Vanguard », *Comparative Political Studies*, 2009, 42 (1), pp. 56-81.
Meier Petra, « A Gender Gap Not Closed by Quotas », *International Feminist Journal of Politics*, 10 (3), 2008, pp. 329-347.
Pitkin, Hanna Fenichel, *The Concept of Representation*, Berkeley (Calif.), University of California Press, 1967. 〔ハンナ・ピトキン著、早川誠訳、『代表の概念』、名古屋大学出版会、2017年〕
Sacchet Teresa, « Beyond Numbers - The Impact of Gender Quotas in Latin America », *International Feminist Journal of Politics*, 10 (3), 2008, pp. 369-386.
Voet Rian, « Political Representation and Quotas : Hannah Pitkin's Concept(s) in the Context of Feminist Politics », *Acta Politica*, 27 (4), 1992, pp. 389-403.
Williams Melissa S., *Voice, Trust, and Memory. Marginalized Groups and the Failings of Liberal Representation*, Princeton (N. J.), Princeton University Press, 1998.

パリテ論争関連

Amar Micheline (textes réunis par), *Le piège de la parité. Arguments pour un débat,* Paris, Hachette Littératures, 1999.
Bereni Laure, Lépinard Éléonore, Les stratégies de légitimation de la parité en France, *Revue française de science politique,* vol. 54, n° 1, février 2004, p. 71-98.

Calvès Gwénaële, *La discrimination positive,* Paris, PUF, « Que sais-je ? », n° 3712, 2004.

Conseil d'État (France), *Sur le principe d'égalité. Extrait du rapport public de 1996,* Paris, La Documentation française, 1998.

Delphy Christine, Égalité, équivalence et équité : la position de l'État français au regard du droit international, *Nouvelles questions féministes,* 1995, vol. 16, n° 1, p. 5-58.

Gaspard Françoise, Le Gall Anne, Servan-Schreiber Claude, *Au pouvoir citoyennes ! Liberté, égalité, parité,* Paris, Le Seuil, 1992.

Halimi Gisèle, Jospin Lionel, *La parité dans la vie politique,* Rapport de l'Observatoire de la parité, Paris, La Documentation française, 1999.

Helft-Malz Véronique, Lévy Paule-Henriette, *Les femmes et la vie politique française,* Paris, PUF, « Que sais-je ? », n° 3550, 2000.

Koubi Geneviève, Guglielmi Gilles J., *L'égalité des chances. Analyses, évolutions, perspectives,* Paris, La Découverte, 2000.

Lépinard Éléonore, *L'égalité introuvable : la parité, les féministes et la République,* Paris, Presses de Sciences Po, 2007.

Martin Jacqueline (dir.), *La parité. Enjeux et mise en œuvre,* Toulouse, Presses Universitaires du Mirail, 1998.

Mossuz-Lavau Janine, *Femmes-hommes, pour la parité,* Paris, Presses de Sciences Po, 1998.

Scott Joan Wallach, *La citoyenne paradoxale : les féministes françaises et les droits de l'homme,* Paris, Albin Michel, 1998. [*Only paradoxes to offer : French feminists and the rights of man*, Harvard University Press 1996.]

Scott Joan Wallach, *Parité ! L'universel et la différence des sexes,* Paris, Albin Michel, 2005. [*Parité ! : sexual equality and the crisis of French universalism*, University of Chicago Press, 2005.]

Sgier Léa, « Les quotas de femme en politique: quels enjeux ? Une comparaison Suisse/France », dans Tremblay Manon, Thanh-Huyen Ballmer-Cao, Bérengère Marques-Pereira, Mariette Sineau (dir.), *Genre, citoyenneté et représentations*, Québec, Presses Universitaires de Laval, 2007, p. 171-188.

「パリテ諸法」の評価

Conseil économique et social (avis et rapports du), *La place des femmes dans les lieux de décision : promouvoir la mixité,* Paris, Les Éditions des Journaux officiels, 2007.

Génisson Catherine, *Parité entre les femmes et les hommes : une avancée décisive pour la démocratie : rapport au Premier ministre* [par l'Observatoire de la parité], Paris, La Documentation française, 2003.

Politix (2002), « La parité en pratiques », vol. 15, n° 60.

Pouvoirs locaux (2005), « Parité et territoires : un bilan en demi-teinte », n° 65, p. 10-28.

Questions de communication (2005), « Espaces politiques au féminin », dossier coordonné et présenté par Béatrice Fleury-Vilatte et Jacques Walter, n° 7.

Rapport d'évaluation de la loi du 6 juin 2000 tendant à favoriser l'égal accès des femmes et des hommes aux mandats électoraux et fonctions électives, présenté par le gouvernement au Parlement le 23 février 2005 [par le ministère de la Parité et de l'Égalité professionnelle], Paris, La Documentation française, 2005.

Romagnan Barbara, *Du sexe en politique,* Paris, Jean-Claude Gawsewitch Éd., 2006.

Sineau Mariette, *Profession femme politique. Sexe et pouvoir sous la Cinquième République,* Paris, Presses de Sciences Po, 2001.

Sineau Mariette, Parité 2004 : les effets pervers de la loi, *Revue politique et parlementaire,* n° 1031, 2004, p. 153-160.

Territoires, dossier : « Sexe et politique », n° 464, cahier 2, 2006.

Tremblay Manon, *Femmes et parlements : un regard international,* Montréal, Remue-Ménage, 2005.

Zimmermann Marie-Jo, Élections à venir *: faire vivre la parité* [par l'Observatoire de la parité], décembre 2003.

Zimmermann Marie-Jo, *Effets directs et indirects de la loi du 6 juin 2000 : un bilan contrasté : rapport au Premier ministre* [par l'Observatoire de la parité], mars 2005.

文庫クセジュ　Q 1058

議員の両性同数　パリテの現在地

2023年4月15日　印刷
2023年5月10日　発行

著　者　　レジャーヌ・セナック
訳　者 ©　斎藤かぐみ
発行者　　岩堀雅己
印刷・製本　株式会社平河工業社
発行所　　株式会社白水社
東京都千代田区神田小川町 3 の 24
電話　営業部　03 (3291) 7811 / 編集部　03 (3291) 7821
振替　00190-5-33228
郵便番号　101-0052
www.hakusuisha.co.jp

乱丁・落丁本は，送料小社負担にてお取り替えいたします．

ISBN978-4-560-51058-2

Printed in Japan

文庫クセジュ

社会科学

357 売春の社会学
396 性関係の歴史
483 社会学の方法
616 中国人の生活
693 国際人道法
717 第三世界
740 フェミニズムの世界史
744 社会学の言語
746 労働法
786 ジャーナリストの倫理
787 象徴系の政治学
824 トクヴィル
845 ヨーロッパの超特急
847 エスニシティの社会学
887 ＮＧＯと人道支援活動
888 世界遺産
893 インターポール
894 フーリガンの社会学
899 拡大ヨーロッパ
917 教育の歴史
919 世界最大デジタル映像アーカイブ ＩＮＡ
926 テロリズム
936 フランスにおける脱宗教性《ライシテ》の歴史
940 大学の歴史
946 医療制度改革
957 ＤＮＡと犯罪捜査
994 世界のなかのライシテ
1010 モラル・ハラスメント
1025 100語ではじめる社会学
1039 100語でわかるＢＯＢＯ（ブルジョワ・ボヘミアン）
1040 脱成長
1042 アーカイヴズ
1043 異文化間教育
1052 リネンの歴史とその関連産業